rowohlts monographien
begründet von Kurt Kusenberg
herausgegeben
von Klaus Schröter

Eleonora Duse

mit Selbstzeugnissen
und Bilddokumenten
dargestellt von
Doris Maurer

Rowohlt

Dieser Band wurde eigens für «rowohlts monographien» geschrieben
Den Anhang besorgte die Autorin
Herausgeber: Klaus Schröter
Mitarbeit: Uwe Naumann
Assistenz: Erika Ahlers
Schlußredaktion: K. A. Eberle
Umschlagentwurf: Werner Rebhuhn
Vorderseite: Eleonora Duse als Silvia in
Gabriele D'Annunzios «La Gioconda» (Museo Correr, Venedig)
Rückseite: Theaterzettel von 1904
(Österreichische Nationalbibliothek, Wien)

Veröffentlicht im Rowohlt Taschenbuch Verlag GmbH,
Reinbek bei Hamburg, Dezember 1988
Copyright © 1988 by Rowohlt Taschenbuch Verlag GmbH,
Reinbek bei Hamburg
Alle Rechte an dieser Ausgabe vorbehalten
Satz Times (Linotron 202)
Gesamtherstellung Clausen & Bosse, Leck
Printed in Germany
1080-ISBN 3 499 50388 3

Inhalt

Eleonora Duse als Scrollina im gleichnamigen Stück von Achille Torelli, um 1889

Bildnis

Daß von dem verzichtenden Gesichte
keiner ihrer großen Schmerzen fiele,
trägt sie langsam durch die Trauerspiele
ihrer Züge schönen welken Strauß,
wild gebunden und schon beinahe lose;
manchmal fällt, wie Tuberose,
ein verlornes Lächeln müd heraus.

Und sie geht gelassen drüber hin,
müde, mit den schönen blinden Händen,
welche wissen, daß sie es nicht fänden,
und sie sagt Erdichtetes, darin.

Schicksal schwankt, gewolltes, irgendeines,
und sie gibt ihm ihrer Seele Sinn,
daß es ausbricht wie ein Ungemeines:
wie das Schreien eines Steines –
und sie läßt mit hochgehobnem Kinn
alle diese Worte wieder fallen,
ohne bleibend; denn nicht eins von allen
ist der wehen Wirklichkeit gemäß
ihrem einzigen Eigentum,
das sie wie ein fußloses Gefäß
halten muß, hoch über ihren Ruhm
und den Gang der Abende hinaus.

Rainer Maria Rilke[1]*

---

* Die hochgestellten Ziffern verweisen auf die Anmerkungen S. 138 f.

7

Vorwort

Angeblich ist sie in einem Eisenbahnwagen dritter Klasse zur Welt gekommen, österreichische Soldaten sollen vor dem Kind, als es zur Taufe getragen wurde, salutiert haben, ihr Geburtsjahr konnte lange Zeit nicht genau ermittelt werden: 1858, 1859, 1860? – Vermutungen, Legenden, geboren aus staunender Verehrung vor dem Phänomen Eleonora Duse.

Eleonora Duse: knapp zwanzig Jahre lang, von 1882 bis 1909, dann noch einmal von 1921 bis 1924 der Inbegriff von vollendeter Schauspielkunst, die Duse: bekannt, geliebt, berühmt, bewundert in ganz Europa und in Amerika, das Entzücken der theaterbegeisterten Welt.

Alle großen Kritiker, viele Schriftsteller ihrer Zeit waren hingerissen von der Duse, schwärmten geradezu von ihr und erschraken vor der Gewalt ihrer Darstellung – wie Hugo von Hofmannsthal: «Denn sie ist eines der wunderbaren seltenen Geschöpfe, in deren Seele größere Möglichkeiten sind als im Bereich ihrer Kunst. Darum hat es fast keinen Sinn, sie zu verherrlichen. Darum fällt der Beifall von Tausenden vor ihren Füßen hin, kraftlos wie ein welkes Blatt, und ebenso fiele vor ihren Füßen hin der Haß von Tausenden... sehr viele lieben sie wie eine Gottheit, und nur wenige empfinden etwas wie Furcht vor ihr.»[2] Der Berliner Theaterkritiker Alfred Kerr, einer ihrer glühendsten Verehrer, betonte immer wieder die Ausnahmeerscheinung der Duse: «In Jahrhunderten einmal erscheint ein Mensch ihrer Gattung. Ohne Nachbarschaft leuchtet sie und verglüht.»[3] Stets wies er auf das Einmalige, noch nie Dagewesene, nicht Wiederholbare der Schauspielkunst Eleonora Duses hin, in immer wieder neuen Formulierungen versuchte Kerr, das ‹Phänomen Duse› zu beschreiben: «Und mit alledem ist sie... eine Kameliendame, eine Locandiera, wie keine vor ihr, mit ihr, nach ihr eine Locandiera, eine Kameliendame wird sein sein können – will sagen: ein leidender oder lachender Mensch. Denn Rollen sind ja für sie nur Vorwände... Wenn sie nur diese Art des Humors hätte, der nie hinreichend gewertet worden ist. Noch ihre Anmut hat eine besondere Tiefe. Sie ist ein Genius auch des Schalkhaftesten, sie lächelt wie keine... und durch ihren Mutwillen klingt ein Vergänglichkeitston, unvergänglich. Sie scherzt und spaßt und wirft sich in einen Stuhl und stemmt die Arme in die Seiten – und über ihr schwebt doch ein Ewigkeitsschimmer; eine Erinnerung an die seltsame Beschaffenheit dieses rasch dahinfließenden bitterherrlichen Lebens. Sie hat in der Lustigkeit die verborgene Trauer; im Lächeln die Kehrseite; in der Heiterkeit den Schmerzenszug.»[4]

Viele der Kritiker schrieben Hymnen, poetische Ergüsse über Eleonora Duse, das Erlebnis ihrer Kunst schien es ihnen unmöglich zu machen, eine ‹normale›, sachliche Theaterkritik zu verfassen. «Es ist kein Zufall, daß Eleonora Duse überall zuerst vor allem in den Versen der Lyriker gefeiert worden ist. Denn die Kritiker finden unter dem Eindrucke dieser Kunst weder die Ruhe noch die Beherrschung, die notwendig ist, um zu ‹bewerten›, und am klügsten unter ihnen sind noch diejenigen, die sich auf eines beschränken: sie zu sehen. Denn selbst nach Tagen und Wochen ist Frau Duses Kunst gegenüber einer Besprechung schwierig. Das hat viele Gründe. Wie ihre Sprache fremd ist, ist ihre Darstellung neu. Sie verwirft die gewohnten Mittel, und sie bemächtigt sich einer Heerschar von neuen. Aber selbst über ihre Mittel gibt man sich nur schwer Rechenschaft, weil man, unter der Macht der Persönlichkeit, die sie anwendet, kaum Auge für sie hat, und das Genie der Duse scheint durch ein Nichts zu uns zu sprechen»[5] – dieses Bekenntnis des dänischen Erzählers und Regisseurs Herman Bang mag für viele gelten, die sich bemühten, ihr Duse-Erlebnis in Worte zu fassen.

Die Kunst der Duse war eine noch nie erfahrene Art von Kunst, umfaßte so viele Facetten – die Kunst des Sprechens, der Bewegung, der Haltung, des Schweigens, der Gebärde –, daß so mancher, der staunend schaute, nicht fähig war, all dies zu beschreiben, sondern sich darauf beschränkte, das Wunder auf sich wirken zu lassen.

«Ihre Kunst ist die Quintessenz einer neuen, erlebten Wahrheit, eine Kunst, die sich von innen nach außen auswirkt, die von Genialität leuchtet und die Bewunderung derer auslöst, die das Schöne suchen. Für sie bedeutet Erleben Ausdruck, nicht Parade, Ausdruck auf dem direktesten Wege, ohne Übertreibung... Ihre Kunst ist immer und ganz eine Kunst der Bewegung. Ein unausgesetzter, ruheloser, fortlaufender Fluß, der weder die Zeit noch die Möglichkeit hat, anzuhalten, noch sich in irgendeiner gegebenen Haltung zu fixieren; selbst nicht um der Freude willen, eine Pose in der Wahrheit ihres Ausdruckes für einen Moment länger zu halten. Es ist eine scheue und keusche Kunst»[6], sagte Luigi Pirandello, der italienische Dramatiker, der die persönliche und künstlerische Entwicklung der Duse aufmerksam verfolgte, die sich dem Betrachter nicht leicht erschließt. So ist es auch zu verstehen, daß ein Kritiker nach dem Tod Eleonora Duses an der Aufgabe, einen Nachruf zu verfassen, fast verzweifelt ist: «Wie sie gespielt hat? Allerschwerste, unlösbare Aufgabe,

Als Kameliendame

der Nachwelt zu berichten, was man als Zeitgenosse, in Glück erbebend, miterlebt hat.»[7]

Bereitet schon allein das Transitorische der Schauspielkunst dem Beschreibenden enorme Schwierigkeiten, wieviel komplizierter wird dann erst der Versuch, über eine Darstellerin zu berichten, die alles vorher Gewesene in den Schatten stellt. Man muß sich mit Vergleichen, mit Bildern, mit Umschreibungen behelfen, um das Gesehene, das Erlebnis der Duse auch für den Leser lebendig werden zu lassen. Und wenn man sie nicht mehr gesehen hat? Dann kann man lediglich vom Entzücken der Zeitgenossen berichten, kann den Lebensstationen der Außergewöhnlichen nachspüren und hoffen, noch ein wenig von der Faszination zu vermitteln, die Eleonora Duse ausgestrahlt hat.

Sehr skeptisch beurteilte die Duse in einem Gespräch, das sie um 1912 mit ihrem Biographen Eduard Schneider führte, der über ihre letzten Lebensjahre berichtet hat, die Möglichkeit einer zufriedenstellenden Darstellung ihres Lebens: *Über Gelehrte, Maler, Politiker, meinetwegen über einen Maurer kann man gut und sachlich schreiben; über Schauspielerinnen nicht. Warum nicht? Es wird berichtet, wie oft sie vor Fürsten und Königinnen gespielt hat, wie der Schmuck aussah, den sie geschenkt bekommen, und dann ergeht man sich in der Schilderung ihrer Art. Aber nichts über ihre Seele und ihr inneres Leben, und nie ein aufrichtiges Wort. Als ob wir nicht Menschen wären wie die andern auch! Maßloses Lob, lächerliches Vergleichen mit andern, das ist alles!*[8]

Es wird nicht zu vermeiden sein, darüber zu berichten, wann die Duse welches Stück in welcher Stadt gespielt hat, welche Ehrungen sie empfangen hat, mit wem man sie verglichen hat, wer zu ihrem Bekannten- und Freundeskreis gehört hat; es wird viel schwieriger sein, den Menschen Eleonora Duse, ihre Seele und ihr inneres Leben zu beschreiben, ohne unzulässig zu spekulieren. Stets bleibt es ein kühnes Unterfangen, Selbstzeugnisse zu interpretieren, zu gewichten und aus den Äußerungen der Zeitgenossen ein Bild zu entwerfen, immer in der Gefahr, Gültiges feststellen zu wollen:

«Die Jugend ihres Helden ist seit je der große Tummelplatz der Biographen gewesen; hier können nach Belieben die Ursachen gemischt werden – Abstammung, Erbe, Milieu: die Mischung soll dann alles Spätere ‹erklären›. Weshalb gelingen diese Erklärungen immer? Weil alle Erscheinungen vieldeutig sind; weil es zu jedem Rätsel nicht immer nur die eine, sondern Millionen Lösungen gibt. Wenn sich alles gut zueinanderfügt, wenn eine hübsche Ursachenkette im Licht der Studierlampe funkelt: ich bin die legitime Fessel für das Tohuwabohu beziehungsloser Daten – dann kichert die Wahrheit; nicht alle sind bezwungen, die sich geduldig Ketten anlegen lassen.»[9]

Wenn man sich bemüht, nicht zu schnell über gefundene Lösungen zu frohlocken, nicht immer endgültige Antworten finden zu wollen, wenn man Eleonora Duse mit Respekt und Sympathie betrachtet, sie selbst ‹sprechen› läßt, dann kann man vielleicht über sie schreiben, ohne neue Legenden hinzuzufügen.

Das Komödiantenkind (1858–80)

Gegen Ende des 19. Jahrhunderts waren umherziehende Komödianten im italienischen Theaterbetrieb üblich. Die wenigsten dieser Truppen spielten in den Theatern der großen Städte. Dieses Privileg stand lediglich einigen berühmten Gesellschaften mit untadeliger Reputation zu. Die meisten der wandernden Komödianten traten in Gasthäusern, auf dem Marktplatz und in Scheunen auf – häufig in Dörfern und kleinen Städten; sie wurden nicht selten mit Naturalien bezahlt und genossen keinen besonderen Ruf. Ständig war man unterwegs, hatte oft keine Zeit für Proben. Da das Repertoire im Schnitt 20 bis 30 Stücke umfaßte – es war fast unmöglich, in einem Dorf an zwei Abenden hintereinander dasselbe Schauspiel zu geben –, behalf man sich häufig mit Improvisieren, um die Textunsicherheit zu vertuschen.

Alessandro Vincenzo Duse leitete eine solche Truppe, die sich mehr schlecht als recht durchs Leben schlug. Noch sein Vater Luigi Duse, einer der bekanntesten und erfolgreichsten Goldoni-Darsteller und Komiker, hatte in Padua ein Theater besessen. Doch 1848, während der italienischen Freiheitskriege, wurde er von den Studenten der Stadt angeklagt, kein Patriot zu sein, verlor die Gunst des Publikums und starb 1854 vergessen und verarmt. Vier Jahre später wurde seine Enkelin geboren, die den Glanz des Schauspielernamens Duse erst recht zum Strahlen bringen sollte.

Am 3. Oktober 1858 brachte Angelica Cappelletto, die Ehefrau Alessandro Duses, in einem Zimmer des Hotels «A Canon d'oro» in Vigevano (in der Lombardei) ein Mädchen zur Welt, das auf den Namen Amalia Giulia Eleonora getauft wurde.

Angelica Cappelletto war eine Bauerstochter, keine Schauspielerin, agierte aber in der Truppe ihres Mannes häufig als erste Liebhaberin. So konnte man sich die Beschäftigung einer weiteren Kraft sparen.

Eleonora Duse mußte, ohne ein Wunderkind zu sein, schon früh auftreten; bereits 1870 war sie gezwungen, die Rolle der an Schwindsucht erkrankten Mutter zu übernehmen. Eleonora Duse hat von Kindheit an gearbeitet. Die Zwölfjährige spielte leidenschaftliche, liebende Frauen,

Der Vater Alessandro Vincenzo Duse

starb Hunderte Male den Bühnentod, verstand oft gar nicht, was sie sprach.

In seinem Roman «Feuer» läßt Gabriele D'Annunzio die Schauspielerin Foscarina, die ein Porträt Eleonora Duses ist, über ihre harte und arme Jugend erzählen: «Ich war kaum vierzehn Jahre alt, als ich in einer alten romantischen Tragödie auftrat, die den Titel ‹Gaspara Stampa› führte. Ich spielte die Rolle der Heldin... Ich erinnere mich an gewisse Dinge, als wäre es gestern gewesen. Und zwanzig Jahre liegen dazwischen! Ich erinnere mich an den Klang, den meine damals noch schwache Stimme hatte, als ich sie bei den großen Tiraden forcierte, weil irgend jemand zwischen den Kulissen mir zuflüsterte, ich sollte lauter sprechen, immer lauter... So vieles, das ich nicht kannte, nicht verstand in meiner

Vigevano. Blick auf das Hotel «Cannone d'oro»

kleinen, mißbrauchten Seele, und ich weiß nicht, welcher Instinkt des Schmerzes mich leitete, die Töne und die Schreie des Schmerzes zu finden, die diese armselige Menge erschüttern sollten, von der wir das tägliche Brot erwarteten. Zehn hungrige Menschen vergewaltigten meine Seele, nutzten mich als ihre Erwerbsquelle aus; die brutale Not raubte und vernichtete alle Blütenträume, die meiner zitternden Frühreife entsprossen ... Es war eine Zeit des verhaltenen Schluchzens, eine Zeit des Entsetzens, der verzweifelten Müdigkeit und Erschöpfung, eine Zeit blinden Schauders! Und die mich folterten, wußten nicht, was sie taten. Arme, durch Sorgen und Elend abgestumpfte Menschen.»[10]

Auch das erste Theatererlebnis Eleonora Duses ist lediglich in den Worten Foscarinas bekannt; es gibt keine zeitgenössischen Berichte über Eleonoras Auftreten als Julia 1873 in Verona. Aber die Duse soll ihren Freunden häufig von diesem Ereignis erzählt haben, so daß man annehmen kann, in der Passage aus D'Annunzios Roman – bei aller dichterischen Ausschmückung – das Wesentliche zu finden, das, woran sich Eleonora Duse als für sie entscheidend erinnerte: «An einem Sonntag im Mai, in der ungeheuren Arena, in dem alten Amphitheater unter freiem Himmel, vor einer Volksmenge, die der Geschichte der Liebe und des Todes atemlos gelauscht hatte, war ich Julia selbst... Ich hatte für mein erspartes Geld... einen großen Strauß Rosen gekauft. Die Rosen waren mein einziger Schmuck. Ich mischte sie unter meine Worte, meine Gesten, meine Stellungen: ich ließ eine zu Romeos Füßen niederfallen, als wir uns begegneten, ich entblätterte eine über seinem Haupte vom Balkon herunter, und alle deckten am Schluß im Grabgewölbe seinen Leichnam... Die Worte strömten mit seltsamer Leichtigkeit von meinen Lippen, gleichsam unwillkürlich, wie im Fieberwahn; und ich hörte sie von dem unaufhörlichen Brausen meiner Adern begleitet... Ach, die Gnade, der Stand der Gnade! Jedesmal, wenn es mir gegeben ist, den Höhepunkt meiner Kunst zu berühren, finde ich die unsagbare Hingebung. Ich war Julia... Als ich

*Eleonora Duse als Kind
mit ihrer Mutter*

auf Romeos Leiche niedersank, brach die Menge in der Dunkelheit in so gewaltiges Beifallbrüllen aus, daß ich erschrak. Irgend jemand hob mich auf und zerrte mich nach der Seite, von der das Rufen ertönte.»[11]

Als Eleonora Duse bereits eine weltberühmte Schauspielerin war, verblüffte und begeisterte sie ihr Publikum und ihre Kritiker immer noch durch ihre eigenwillige Art, die Requisiten – häufig waren es Blumen – zur Unterstreichung ihres Spiels, scheinbar absichtslos, immer dezent, einzusetzen. Herman Bang beschreibt diese Kunst der Duse am Beispiel ihrer Darstellung der Wirtin in Carlo Goldonis Komödie «La Locandiera» («Die Wirtin»): «Die Benützung des ‹Requisits› zu beobachten, ist für den, der in die Ausarbeitungswerkstatt der Kunst der Duse eindringen will, das Interessanteste... die zwei Rosen in ‹La Locandiera›. Mirandolina trägt sie, als sie hereinkommt. Ganz einleuchtend, die höfliche Wirtin will sie zu dem Kuvert des Gastes legen, den sie zu bestricken wünscht. Sie legt sie also hin, natürlich oder notwendig, zu dem Teller des Kavaliers – und wir vergessen sie, als einen feinen Einfall, wie Frau Duse sie zu Hunderten hat. Aber Frau Duse selbst vergißt sie nicht. Die zwei Rosen sind ihre Waffe, und sie werden beinahe ihre Mitspieler. Sie sind ihr Köder und ihr Schild. Sie beschleunigen die Kurmacherei, und sie halten sie auf – sie bekommen eine Rolle in dem Schauspiel. Das ist es eben: die toten Dinge, die eine Duse berührt, sie bekommen Rollen.»[12]

1875 starb Angelica Cappelletto, die Mutter Eleonora Duses, und die junge Schauspielerin spielte in den nächsten Jahren, zunächst mit ihrem Vater, der seine eigene Truppe aufgelöst hatte, dann allein, bei diversen Gesellschaften. Erst als sie ein Mitglied der damals recht angesehenen Truppe Emanuel-Pezzana, der 30 Mitglieder angehörten, geworden war, gelang ihr am 26. Juli 1879 ein erster Durchbruch als «Thérèse Raquin» – einem Stück nach dem gleichnamigen Roman Zolas – in Neapel. Man wurde aufmerksam auf sie, es gab enthusiastische Kritiken: «Der Triumph des Abends wird unvergeßlich sein. Ich sehe sie in ihrem kurzen schwarzen Kleid, wie sie sich an das Fenster lehnt – geistesabwesend –, wie sie ein Leben voller Falschheit, Schuld, Verbrechen, Aufregung, Schrecken, Ekel, Haß lebt... Im letzten Akt, als sich die Liebe in wilden Haß verwandelt hatte und die gelähmte Mutter gnadenlos über die Qual des schuldigen Paares lachte, zitterten wir, ein Schauder lief durch unseren Körper und wir hatten – völlig niedergedrückt – noch nicht einmal den Mut zu applaudieren.»[13]

Der Kritiker der neapolitanischen Zeitung «Corriere del Mattino» bemängelte zwar, daß Eleonora Duse, auf Grund ihrer sanften Natur, nicht genügend Vulgarität für die Rolle mitbrächte, prophezeite der jungen Künstlerin aber dennoch eine große Karriere.[14]

Als Goldonis «Wirtin»

In den Herausgeber des «Corriere del Mattino», in den Journalisten Martino Cafiero, verliebte sich Eleonora Duse. Der Achtunddreißigjährige war berüchtigt als Casanova, der die unerfahrenen Mädchen bevorzugte. Eleonora verfiel seinem Charme, seiner Bildung, seiner Weltgewandtheit; als sie schwanger wurde, verließ er sie. In Marina di Pisa, einem kleinen Ort an der toskanischen Küste, brachte sie, wohl Anfang 1880, ein Kind zur Welt, das bald darauf starb. Matilde Serao, Schriftstellerin aus Neapel und treue Freundin der jungen Schauspielerin, stand der Duse in dieser schweren Zeit bei.

Nach der Beerdigung ihres Kindes fuhr Eleonora Duse nach Turin, um ihre Arbeit in der Truppe Cesare Rossis aufzunehmen. Rossi, selbst ein begabter und damals berühmter Schauspieler, konnte es sich leisten, in der piemontesischen Stadt das große Theater Carignano zu mieten und dort vor den vornehmen, in Schauspielerkreisen oft als steif empfundenen, reichen Turinern aufzutreten.

Noch am 12. Dezember 1880 hatte Alessandro Duse an seinen Bruder Enrico geschrieben: «Ich muß Dir sagen, daß ich auch im kommenden Jahr bei Rossi bleiben werde und daß meine Tochter zwar ihre Rolle ändern, aber ebensoviel Geld wie im letzten Jahr bekommen wird. Das wird zur Förderung ihrer Karriere nützlich sein. Auf Eleonora wartet jetzt ein neues Schicksal, mit dem neapolitanischen Schurken ist es aus ... Meine Tochter ist fast gestorben, sie muß ihrem Schutzengel dankbar sein. Sie ist dabei sich zu erholen, und ich hoffe, daß sie sich – obwohl sie sehr mitgenommen ist – ihre Gesundheit erhalten kann.»[15]

Primadonna und erste
Auslandstournee (1881–85)

Der unglückliche Ausgang der Liebe zu Martino Cafiero und der Tod des Kindes hatten Eleonoras Gesundheit, vor allem ihre Nerven, sehr stark angegriffen. Dennoch schaffte sie es in relativ kurzer Zeit, die «prima donna» (erste Schauspielerin) der Rossi-Truppe zu werden.

Unterstützung, Trost und Hilfe fand Eleonora bei Tebaldo Marchetti, einem Schauspielerkollegen, der den Künstlernamen Tebaldo Checchi führte. Ihn heiratete die Duse am 7. September 1881. Tebaldo, der mit seinen 37 Jahren entschieden älter als seine Frau war, galt innerhalb der Truppe als solider, wenn auch nicht herausragender Darsteller. Er hatte sparsam und zurückgezogen gelebt und gab Eleonora für einige Jahre den Halt, den sie dringend benötigte. Mit der Hilfe Tebaldos, geborgen in seiner Liebe, beruhigt, umsorgt, konnte die Duse darangehen, ihre Karriere aufzubauen. Als Primadonna wurde sie bald der Star der Truppe Cesare Rossi, anerkannt von den Kollegen und den Kritikern, beliebt beim Publikum.

Sie schrieb am 6. Oktober 1881 an ihren Vater aus Bologna, wo sie gastierte: *Ich habe Ihren Brief an mich nicht beantworten können – von Florenz aus –, denn es ging mir gesundheitlich schlecht, und ich war sehr mit Proben für das mehr oder minder blöde Repertoire besetzt... Tebaldo ist voll guten Willens und voll Anhänglichkeit an mich... Man sagt mir, ich werde Karriere machen. Ach! Wenn man das wüßte! Ich habe schöne Erfolge. Es erübrigt sich wohl zu sagen, daß Tebaldo das mehr genießt als ich. Lieber Papa, schreiben Sie uns. Wenn es Ihnen Freude macht, Tebaldo zufrieden zu wissen, so bin ich glücklich, Ihnen versichern zu können: er ist es ganz – und ich bin es mit ihm.*[16]

Ihre «schönen Erfolge» und die Zufriedenheit ihres Mannes reichten der ehrgeizigen jungen Schauspielerin allerdings nicht. Das «mehr oder minder blöde Repertoire» – meist historisierende Melodramen oder alberne Dreiecksgeschichten – konnte sie nicht zufriedenstellen. Und noch hatte sie auch das Publikum nicht völlig von ihrer Art der Darstellung überzeugt, wie sie einem Journalisten anvertraute: *Ein Teil des Publi-*

kums akzeptiert mich nicht so, wie ich es möchte, weil ich die Dinge auf meine Art darstelle, das heißt, so wie ich sie empfinde. Nach den Regeln muß man in bestimmten Situationen die Stimme erheben, sich übertrieben benehmen. Doch, wenn ich heftige Leidenschaft ausdrücken muß, wenn ich von Freude oder Leid ganz ergriffen bin, werde ich oft stumm, und auf der Bühne spreche ich leise, flüstere kaum. Und dann behaupten manche Leute, ich besäße keinerlei Ausdruck, ich fühlte und ich litt auch nicht. Ah, aber sie werden es noch verstehen.[17]

Wenn man bedenkt, was das von allen italienischen Schauspielern benutzte, 1854 erstmals veröffentlichte «Prontuario delle pose sceniche» (Handbuch der Bühnenposen), das der Schauspiellehrer Alamanno Mo-

Tebaldo Checchi

relli herausgegeben hatte, unter dem Stichwort «Rasen» schreibt, kann
man sich vorstellen, daß ein theatererfahrenes Publikum mit einer Duse,
die im Leid oder Zorn stumm wurde, seine erheblichen Schwierigkeiten
hatte: «Rasen: den Hut abnehmen, ihn wieder aufsetzen, auf den Kopf
drücken, auf den Boden werfen, wieder aufnehmen, ihn zerreißen; mit
großen, unruhigen Schritten gehen, einmal gerade, einmal schräg. Bald

Konstantin S. Stanislavskij

die Hände in den Haaren, bald die Weste herunterziehen, sie aufknöpfen, sie aufschnüren; für einen Augenblick hier, dann dort stehenbleiben. Laut mit der Faust auf die Möbel klopfen, Stühle umwerfen, Vasen und Geschirr zerschmettern, sich mit der Faust auf den Kopf schlagen, Türen öffnen und schließen, sich auf einen Stuhl hinwerfen, auf den Boden stampfen, wieder hochschnellen.»[18]

Doch die so ganz andere Art der Duse, ihre Schauspielkunst setzte sich immer mehr durch und der Ruhm Eleonora Duses verbreitete sich schnell, in Theaterkreisen war ihr Name bald bekannt.

Im Herbst 1881 bat sie der Herausgeber der Zeitschrift «Arte drammatica», seinen Lesern ihre Kunstauffassung, ihre neue Darstellungsart zu erläutern. Sehr dezidiert teilte sie mit, daß ihrer Meinung nach nicht über Kunst raisonniert werden dürfe, daß Kunst etwas Elementares, nichts Lehr- oder Erlernbares sei. Diese These vertrat die Duse zeit ihres Lebens.

Intellektuelles Erarbeiten einer Rolle lag ihr fern, sie spielte keine Person, sie war die Person, die sie darstellte, sie fühlte wie sie, sprach wie sie, hatte sich mit ihr identifiziert.

Und glauben Sie, man könnte sprechen über Kunst? Es wäre das gleiche, als wollte man die Liebe erklären. Wir alle haben ihren Leidensweg, diese ‹via crucis› – beschritten, alle haben darüber gesprochen, und niemand hat sie wirklich deuten können. Man liebt, wie man liebt – und man ist Künstler, wie man es fühlt, Regeln, Gebote, Überlieferungen vor allem haben für die Kunst keinen Wert. Es gibt so viele Arten zu lieben, und es gibt ebenso viele Formen, Kunst auszudrücken. Es gibt die Liebe, die beschwingt und zum Guten führt – und es gibt Liebe, die alles verschlingt, allen Willen, alle Kraft, alle Klugheit. Meiner Meinung nach ist das die stärkere – nur ist sie bestimmt verhängnisvoll... Auch in der Kunst, die oftmals einer lebendigen Seele Maß und Form darstellt, kann man es dahin bringen, jene aus Passion und Gefühl geschaffene Höhe zu erreichen. Wer sich anmaßt, Kunst zu lehren, versteht überhaupt nichts davon.[19]

Eleonora Duse lehnte strikt alle festgeschriebenen Regeln für den Schauspieler ab, beharrte darauf, sich in eine Rolle, eine Bühnenfigur hineinfühlen zu müssen. Als sie später ihre eigene Truppe hatte, sorgte die Duse stets dafür, daß jedes kleine Detail auch in der Dekoration, in den Kostümen stimmte, um den Spielern das ‹Hineinleben› in ihre Rolle zu erleichtern. So ließ sie zum Beispiel für ihre Ibsen-Aufführungen schwere, alte, dunkle Holzmöbel aus Skandinavien importieren, niemals erlaubte sie, daß im Bühnenbild lediglich täuschende Holzmaserung auf Pappmaché aufgemalt wurde. Spielte die Duse eine Bäuerin, wie zum Beispiel die Santuzza in dem veristischen Drama Giovanni Vergas «Cavalleria rusticana», so ging sie wochenlang in Holzschuhen, um den plumpen Gang nicht nur gut imitieren zu können, sondern um sich ganz natürlich so wie ein Bauernmädchen zu bewegen.

Diesen Perfektionismus, diese realistischen Inszenierungen finden wir auch bei dem russischen Regisseur und Schauspieler Konstantin S. Stanislavskij, der, fünf Jahre jünger als Eleonora Duse, das Theater seines Landes revolutionierte und der, ähnlich wie die Duse, den Darstellungsstil einer ganzen Epoche beeinflußte. Auch er bestand darauf, daß der Schauspieler die Bühnengestalten ‹wiederzuerleben› habe, sie für den Zuschauer wieder erstehen lassen müsse. Ebenso wie die Duse verlangte Stanislavskij von sich und seinen Mitspielern sorgfältigste Lektüre des Dramas, minuziöse Vorbereitung, dann aber – quasi als Endpunkt – ‹Hineinfühlen› in die Rolle.

Doch um 1882 war Eleonora Duse noch weit davon entfernt, ihre Auffassung von der Schauspielkunst vollständig umsetzen zu können, noch war sie – auch als Primadonna – abhängig vom Leiter der Truppe und nicht zuletzt vom Publikum, das sich erst langsam an den neuen Stil gewöhnte.

Am 7. Januar 1882 kam Eleonora Duses Tochter Enrichetta zur Welt. Das Kind mußte bald zu einer Pflegefamilie aufs Land gebracht werden, denn die Schauspielerin erkrankte nach der Entbindung schwer.

Sie schrieb dem Vater aber beruhigende Briefe, die auch dazu dienen sollten, die Gerüchte, die von neidischen Kollegen über Tebaldo in die Welt gesetzt worden waren, zu zerstreuen. Einige Mitglieder der Truppe nahmen es Tebaldo Checchi übel, daß er den kommenden Star geheiratet hatte, und behaupteten, er hätte sich nur aus Berechnung mit Eleonora verbunden. Auch versuchten sie, die Duse gegen ihren Ehemann einzunehmen, die ihn und seine Liebe zu ihr aber so sehr schätzte, daß sie sich nicht beeinflussen ließ, wie sie ihrem Vater am 14. Februar 1882 mitteilte: *Lieber Papa, die Gesundheit wird immer besser – und das ist die Hauptsache. Ich bin vor drei Tagen aufgestanden, und obwohl nicht kräftig auf den*

Die Tochter Enrichetta

*Eleonora
Duse als
Frou-Frou*

*Beinen... bin ich doch recht froh über die eingetretene Besserung. Über-
morgen kann ich aus der Quarantäne – und in wenigen Tagen hoffe ich,
auftreten zu können. Tebaldo ist in guter Stimmung wiedergekehrt – und
hat sich beruhigt... Ja! Und zu sagen, daß es Menschen gibt, zum Beispiel*

*diese Herde von Komödianten, die Tebaldo als einen Menschen von wenig
Gefühl beurteilen und als unfähig, für das Wohl der Familie zu sorgen! Wie
schlecht sie ihn beurteilen! Zum Glück steht Tebaldo über diesen Leuten
und lacht über sie. Lieber Papa, die Welt urteilt auf ihre Weise – und wie
viele falsche Urteile... wie mancher Ruf ist verkehrt zusammengestückt...
Tebaldo hat unsere Enrichetta aufgesucht, und mein Geschöpfchen, hat er
mir gesagt, ist schön und gesund. Es hat runde und volle Beinchen bekommen... Das Liebe! Ich brenne darauf, es zu sehen!*[20]

Ende Februar 1882 war Eleonoras Gesundheit so weit wieder herge-
stellt, daß sie an dem Theaterereignis des Jahres in Turin – als Zu-
schauerin – teilnehmen konnte: Sarah Bernhardt, die berühmte Diva aus
Paris, gab ein Gastspiel. Die französische Schauspielerin war vierzehn
Jahre älter als Eleonora Duse und stand auf dem Höhepunkt ihrer Karriere. Das Publikum und die Kritiker in allen Ländern, in denen sie
spielte, lagen ihr zu Füßen.

Nicht nur ihr Spiel – nervös, erotisch, kokett – entzückte und verwirrte,
die Bernhardt erfüllte auch die Ansprüche, die ein Publikum – sensations-
lüstern – gemeinhin an eine Diva stellte. Die uneheliche Tochter einer
holländischen Jüdin und eines französischen Grafen sorgte in jeder Stadt
für Schlagzeilen – Tage bevor sie dort auftrat. Sie reiste mit einem wahren
Troß an Mitarbeitern, Dienern, Zofen, einer großen Anzahl von Tieren –
Affen, Hunden, Papageien, Raubkatzen – und einer Unmenge von Kof-
fern. Die Bernhardt, eine äußerst reizbare Person, neigte zu Tempera-
mentsausbrüchen und dramatischen Szenen auch außerhalb des Theaters. Sie wechselte ständig ihre Liebhaber, konnte und wollte nicht altern,
legte höchsten Wert auf ihr sorgfältig gepflegtes Äußeres. Die «göttliche
Sarah», wie sie von Zeitgenossen genannt wurde, war das Vorbild jeder
kleinen Schauspielerin und eine begnadete Tragödin.

Eleonora Duse zeigte sich tief beeindruckt und eröffnete, nachdem
die französische Kollegin abgereist war, dem erstaunten Rossi, sie wolle
nun auch einige der Rollen der Bernhardt spielen, zum Beispiel die Kameliendame, Frou-Frou, Francillon und wie all die Heldinnen der französischen Salonstücke hießen. Cesare Rossi reagierte auf den Vorschlag
seiner Primadonna keineswegs mit Begeisterung, ihm erschien das Wag-
nis, gerade in den Paraderollen der Bernhardt glänzen zu wollen, viel zu
groß. Doch Eleonora Duse setzte ihren Willen durch, und sie hatte zum
Beispiel als Frou-Frou und besonders als Kameliendame einen ungeahn-
ten Erfolg.

Die «Kameliendame», Sarah Bernhardts Glanzrolle, basierte auf
einem Roman des französischen Autors Alexandre Dumas fils, den der
Schriftsteller selbst 1852 dramatisiert hatte. Die Gestalt der Kokotte
Marguerite Gautier, der liebenden, edlen Kurtisane, wurde zur Lieblings-

Cesare Rossi

gestalt des Publikums und zur bevorzugten Rolle vieler Schauspielerinnen. Als «Kameliendame» konnten sie alle Register ihrer Kunst ziehen:
in den ersten Szenen scherzen, kosen, flirten, dann leidenschaftlich lieben, entsagungsvoll leiden und höchst effektvoll sterben. Die Geschichte
der schönen Sünderin Marguerite und ihres Geliebten Armand Duval,
der im allerletzten Moment den Edelmut der Todkranken erkennt, be-
friedigte die sentimentalen Gelüste des bürgerlichen Publikums. Eine an
Schwindsucht dahingeraffte ehemalige Mätresse, die ihren Armand nicht
mehr heiraten kann, rührte, beunruhigte aber keinesfalls, störte nicht die
wohlanständige bürgerliche Ordnung.

Die erste Vorstellung, die Eleonora Duse als «Kameliendame» gab, am
10. Januar 1883 in Turin, erwies sich für die junge Schauspielerin als persönlicher Triumph: Zumindest das italienische Publikum akzeptierte sie
als gleichberechtigt neben der Bernhardt. War die Duse auch als kokette

27

Als Kameliendame

Lebedame in den ersten Auftritten nicht so überzeugend frivol wie ihre französische Rivalin, das Liebesleid Eleonoras, ihr dreimal gestammeltes «Armando! Armando! Armando!», nachdem sie der Geliebte beschimpft hatte, griff ans Herz.

Als sie ihren ersten großen Erfolg auf dem Terrain der Bernhardt errungen hatte, sah die Duse keine Veranlassung mehr, sich nicht auch viele andere Rollen der Bernhardt zu eigen zu machen. So gelang es ihr auch, als leichtfertige Frou-Frou in der gleichnamigen Sittenkomödie des Autorengespanns Henri Meilhac und Ludovic Halévy die Rolle der oberflächlichen, gesinnungslosen, am Ende jedoch geläuterten Frau überzeugend zu gestalten.

Natürlich forderte die Duse, indem sie das Repertoire Sarah Bernhardts zum Teil übernahm, die Kritiker dazu heraus, Vergleiche anzustellen. Sie konnte noch nicht alle Rezensenten von ihrer – gemessen an dem Stil der Bernhardt – verhaltenen Darstellungsart überzeugen, geschmerzt haben sie allerdings nur Kritiker, die glaubten, tadelnd bemerken zu müssen, daß die junge Italienerin sich zu sehr an ihre große Kollegin anlehne, ja sie zu imitieren versuche. Eleonora Duse wußte genau, daß solche Behauptungen ungerechtfertigt waren, daß sie bereits 1882/83 eine eigenständige Schauspielerin war.

Nachdem die Duse wieder einmal in der Zeitschrift «Libertà» hatte lesen müssen, sie versuche, die Bernhardt nachzuahmen, wandte sie sich an einen ihr bekannten Theaterkritiker, der sie einst mit der verstorbenen französischen Schauspielerin Aimée Desclée verglichen hatte:

Es gibt Worte, die ermutigen, es gibt Geschöpfe, die Kritik lieben und Belehrung brauchen. Es gibt eine fruchtbare, gerechte Kritik, es gibt eine, die vernichtet. So ist es mir ergangen, nachdem ich die ‹Libertà› gelesen habe... Sie waren der erste, der gesagt hat, daß ich mit keiner italienischen Schauspielerin zu vergleichen sei, sondern an die verstorbene Desclée erinnere. Jene Worte haben mich nämlich damals erschüttert, ohne mich zu verstören – sie haben mir Mut gegeben. Mein Lebensalter bewies ja, daß ich die Desclée nicht gesehen haben konnte – und so war meine Beziehung zu ihr mir eine ideelle Verwandtschaft...

Heute... indes – ist ein Gerücht, das wie ein Echo von Sarah zurückblieb, unaufhaltsam vorgedrungen. Es hat sich verhängnisvoll an mich geheftet und bedrängt mich so, daß es mir den Atem nehmen könnte. Dieser ‹Einfluß› (der von mir hochgeschätzten Sarah) auf mich verwirrt mich, und ich empfinde das Wort als ungerecht... Ich liebe die Kunst zu sehr, und mir liegt so sehr daran; daß sie mein sei – im Gefühl, im Ausdruck, im Geist und in der Seele ganz mein. Weh mir, wenn es nicht so wäre, dann wögen meine Hoffnungen wohl leicht, und mein Lohn wäre gering. Ich würde diesen Kummer nicht mehr haben, der mir wohltut – diesen Wunsch nicht mehr, der mich quält, ich würde der Hilfe nicht mehr bedürfen, um die ich Sie bitte, weil ich Angst habe, mich zu verlieren.[21]

Der Impresario Sarah Bernhardts, José Schurmann, zeigte sich aber offensichtlich von der eigenständigen Kunst der Duse so angetan, daß er

Sehr wahrscheinlich im Kostüm der Santuzza in Giovanni Vergas «Cavalleria rusticana»

ihr nach ihren Erfolgen in französischen Stücken eine Auslandstournee anbot. Eleonora Duse lehnte diesen Vorschlag ab: *Sie wollen sich wohl über mich lustig machen, oder Sie täuschen sich. Ich bin nur eine kleine italienische Künstlerin, und im Ausland würde mich niemand verstehen. Um sich beim Publikum durchzusetzen, das die Sprache nicht versteht, in der man redet, muß man Genie haben, und ich habe nichts als ein wenig Talent. Lassen Sie mich ruhig bei dem Versuch, meine Kunst, die ich mit Leidenschaft liebe, zu vervollkommnen, und bemühen Sie sich nicht, mich von dem Leben abzulenken, das ich mir vorgenommen habe. Wenn es mir gelingt und wenn ich wirklich Vertrauen zu mir selbst gewonnen habe, können wir wieder einmal davon sprechen.* [22] Sie sprachen nach einigen Jahren wieder davon, und José Schurmann wirkte für eine lange Zeit als Impresario der Duse bei ihren Gastspielen im Ausland.

Die nächsten Jahre, 1883 und 1884, mehrten den Ruhm Eleonora Duses in ganz Italien; die Truppe Cesare Rossis ging auf Tournee, und das Publikum in Rom, Mailand, Florenz, Neapel erlebte die Duse unter anderem als «Kameliendame». In Rom traf die Schauspielerin Graf Giuseppe Primoli, Literatur- und Theaterkritiker, Mäzen und begabter Fotograf. Primoli notierte am 1. Oktober 1883 in sein Tagebuch: «Eine noch junge und schon große Schauspielerin, die wahre Interpretin der Stücke von Dumas, hat hier in Rom einige Vorstellungen gegeben. Ihretwegen bin ich wieder ins Theater gegangen, nachdem ich es zwanzig Monate nicht mehr besucht hatte.» [23]

Zwischen der Duse und Primoli entwickelte sich eine tiefe Freundschaft; im Laufe ihres Lebens hat sich die Schauspielerin wiederholt an den Grafen um Rat gewandt, und er hat stets – auch wenn er ab und zu über ihre Launen klagte – geholfen.

Neben den französischen Salonstücken, in denen sie nun glänzte, vergaß die Duse aber auch nicht, ihr Repertoire weiter auszubauen – mit neuen italienischen Stücken. Der Dramatiker Giuseppe Giacosa, Jahrgang 1847, hatte bereits einen kleinen, recht erfolgreichen Einakter für sie geschrieben: «Il filo» («Der Faden»), in dem alle Akteure wie Marionetten spielten und den die Duse am 19. Januar 1883 in Turin uraufgeführt hatte.

Und nun hatte Ende 1883 der sizilianische Autor Giovanni Verga der Truppe Rossis sein düsteres Bauernstück «Cavalleria rusticana» angeboten. Cesare Rossi zögerte, er befürchtete große Kosten und geringen Erfolg. Aber die Duse zeigte sich begeistert von dem Schauspiel. Als dann der vierundvierzigjährige Verga, der sich bereits einen Namen als Romanautor gemacht hatte und einer der bedeutendsten Vertreter des Verismus, der italienischen Spielart des Naturalismus, war, auf seine Tantiemen verzichtete und sich anbot, die Kostüme und die Ausstattung zu bezahlen, konnten die Proben beginnen. Während der sizilianische Schauspieler Flavio Andò die Rolle des in seiner Ehre gekränkten Soldaten Turiddu übernahm, erhielt Eleonora Duse den Part des Mädchens Santuzza, das von Turiddu nur umworben wird, weil er sich an seiner früheren Verlobten Lola, die einen anderen geheiratet hat, rächen will. In ihrer Eifersucht und aus verletztem Schamgefühl denunziert Santuzza ihren Liebhaber, als sie von seinem Ehebruch mit Lola erfährt. Beim Zweikampf mit Lolas Mann wird Turiddu getötet. Das Stück, das den Zuschauer in eine dumpfe, archaisch anmutende sizilianische Dorfwelt versetzt, ist heute nur noch in der Vertonung von Pietro Mascagni bekannt.

Doch bei seiner Uraufführung am 14. Januar 1884 im Carignano-Theater in Turin erlebte es einen spektakulären Erfolg, nicht zuletzt dank der Darstellungskraft der Duse, die Santuzzas rasende Eifersucht und tiefe Verletztheit überzeugend darstellte. Giovanni Verga zeigte sich von der Hauptdarstellerin seines Stücks begeistert und schrieb an Primoli, daß die Duse sein Stück wohl wirklich im Herzen verstanden hätte.

Im Februar 1884 ging die Rossi-Truppe auf Tournee, man spielte die französischen Stücke und «Cavalleria rusticana» in Triest, Padua, Mailand. Selbst in Padua feierte Eleonora Duse – im Frühjahr 1884 – Triumphe. Vor dieser Stadt, in der ihr Großvater Luigi Duse am Ende seines Lebens so unglücklich und verlassen gewesen war, hatte sie sich schrecklich gefürchtet. Nach der letzten Vorstellung schrieb sie einem Freund erlöst und jubelnd: *Es ist überstanden! ... Zwar, die Furcht war groß gewesen, doch der Erfolg um so tröstlicher. Es ist überstanden, und jetzt fühle ich mich gereifter. Bei den ersten drei Aufführungen habe ich weder mich noch das Publikum gesehen. Ich weiß nichts! Ich habe gespielt, ohne meiner selbst eigentlich bewußt zu sein – mit einer seltsamen, unbegreifbaren, unfaßbaren Vision – einer weißen, stillen, hohen, trostreichen Gestalt – mit der Vision der Kunst. Es ist überstanden, ich wende mich den Freunden wieder zu ... ich werde freudig nach Padua zurückkehren! Wenn auch meine Vorfahren an diesem Ort trübselig ... und in den letzten Jahren nahezu verlassen lebten – ich habe ihre ganze Jugend dort wiedergefunden –, und die wehmütige Erinnerung, die ich hegte, ehe ich hinkam, ist ausgelöscht. Was wollen Sie? Ein Zuhause bleibt immer ein Zuhause! Wo unsere Vorfahren gelebt haben – und gestorben sind ... dorthin kehrt man zurück ... leise, leise, wie unter einem Zwang ... auf den Zehenspitzen ... um nicht zu stören ... um sie nicht aufzuwecken. Weg die Trauer, ich bin dankbar und glücklich ... und lächle über alles.*[24]

Der Erfolg in Padua wurde noch übertroffen durch die Begeisterung des Publikums in Mailand. Zunächst skeptisch verfolgten die Zuschauer am 11. Mai 1884 die Vorstellung von «Cavalleria rusticana», doch nachdem der Vorhang gefallen war, jubelten alle.

Der Bürgermeister von Mailand gab für die Mitglieder der Truppe Cesare Rossis ein Essen in dem eleganten, damals berühmten Restaurant «Cova». Unter den geladenen Gästen befand sich auch Arrigo Boito, bereits damals eine Mailänder Zelebrität. Als Dramatiker, Librettist, Theaterkritiker und Komponist hatte er sich einen Namen gemacht. 1881 hatte seine Oper «Mefistofele» an der Scala einen rauschenden Erfolg erlebt, nachdem sie 1868 im selben Haus noch durchgefallen war. Boito saß in vielen Gremien, war ein gesuchtes Jurymitglied und ein enger Freund und Mitarbeiter Verdis. Als sich die Duse und Arrigo Boito bei jenem offiziellen Essen 1884 in Mailand zum erstenmal trafen, war er 42 und sie 26 Jahre alt. Knapp vier Jahre später begann ihre leidenschaftliche Liebesaffäre; über ihre erste zufällige Begegnung haben sie nichts berichtet.

Im Sommer 1884 mußte sich Eleonora Duse schonen, die Anstrengungen der Tournee hatten sie geschwächt, ihr altes Lungenleiden meldete sich. Nach einem Aufenthalt in den piemontesischen Alpen konnte sie im Oktober desselben Jahres in Turin als «Fédora» im gleichnamigen Stück von Victorien Sardou brillieren.

Im November 1884 herrschte in weiten Teilen Italiens eine Choleraepidemie, der auch Eleonoras erster Liebhaber, der neapolitanische Kritiker Martino Cafiero, zum Opfer fiel. Nachdem die Zeitungen mehrere Tage lang über seinen schlechten Gesundheitszustand berichtet hatten, bat Tebaldo Checchi Eleonoras Freundin Matilde Serao, zu seiner Frau zu kommen. An dem Tag, als der Tod Cafieros gemeldet wurde, verließ Tebaldo taktvoll das Haus mit der Bitte, Matilde möge sich um Eleonora kümmern. Er wollte, daß seine Frau ungehemmt ihren Schmerz zeigen konnte. Graf Primoli, der um die frühere Liebesaffäre Eleonoras wußte, machte sich Sorgen und bemühte sich, sie abzulenken.

So erfuhr die Duse durch Primoli Anfang 1885, daß Alexandre Dumas fils für sie ein Stück geschrieben hatte. Dumas kannte Eleonora Duse zwar nicht, aber Graf Giuseppe Primoli hatte den französischen Schriftsteller mit seinen Erzählungen über die italienische Schauspielerin begeistert. Primoli las der Duse das Schauspiel «Denise» vor, das sie so stark erschütterte, daß sie erkrankte.

Doch am 14. März 1885 fand die Premiere im Teatro Valle in Rom statt. Einige Tage später berichtete die Duse einer Freundin von ihrem Erfolg, ihrer Erschöpfung und ihrer Besessenheit, immer neue Rollen zu spielen, die sie forderten: ‹Denise› *ist mein größter Erfolg. Ich kann Dir nicht sagen, in welchen Grad der Erschütterung das Publikum im dritten Akt gerät... Der letzte Akt gefiel mir nicht. Ich habe bloß eine Szene, aber sie ist*

Flavio Andò

das ganze Stücke wert. Ich habe gut gespielt... Ach, die Kunst, was ist sie für ein Verbrauch meines Lebens! Und was für eine Kraftquelle. Ich könnte nicht leben, wenn ich nicht die Kunst hätte. Ich halte Ruhe, solange es mir der Arzt verordnet, und dieser Müßiggang mißfällt mir nicht, außer in der ewig langen Nacht. Dann – ach je! Frou-Frou und Cesarina und Santuzza und Margherita tanzen mir im Kopf herum und machen meine Lippen und meine Hände brennend vor Ungeduld.[25]

Kurz nachdem sie mit «Denise» auf der Bühne gestanden hatte, fuhr Eleonora Duse Anfang April 1885 mit der Truppe Cesare Rossis auf eine Tournee nach Südamerika.

Im Südamerika des 19. Jahrhunderts konnten italienische Künstler mit einem großen, begeisterungsfähigen Publikum rechnen, denn sehr viele Italiener lebten in Argentinien, Brasilien, Ecuador. In Buenos Aires, São Paulo, Rio de Janeiro, Montevideo begeisterte die Duse als Kameliendame, als Santuzza, als Frou-Frou. Die Tournee der Schauspieltruppe Cesare Rossis war äußerst erfolgreich, auch finanziell, aber überschattet von unglücklichen Ereignissen: Ende Juni starb ein junger Schauspieler, Arturo Diotti, am Gelben Fieber; aber es mußte weiter gespielt werden, wie die Duse Matilde Serao am 25. August 1885 schrieb: *Während der arme Diotti traurig daniederlag (fünf Tage lang mit dieser verfluchten Krankheit), sind wir ohne ihn auf die Bühne gegangen... Der Kranke lenkte mich von der Bühne ab. Es kam mir vor, als müßte ich Herz und Gedanken vor der Gegenwart verschließen, um spielen zu können... Zwei Tage später war alles vorüber, und wir... wir standen weiter im Kampf, wir spielen, ohne ihn... nie habe ich so wie an jenem Abend mein Herz gespürt – mein Blut – meine Intelligenz – meine Willenskraft... Ich habe gut gespielt, überlegen. Dir gestehe ich es – Du bist gut... Du bist selbst überlegen.*[26]

Während der Tournee in Südamerika verliebte sich die Duse in ihren Partner Flavio Andò, einen schönen Sizilianer, und trennte sich von ihrem Ehemann Tebaldo Checchi. Tebaldo litt sehr unter Eleonoras Verhalten; er fuhr nicht zurück nach Italien, sondern arbeitete in Argentinien zunächst als Zeitungskorrespondent und ging dann in den diplomatischen Dienst. Voller Trauer schrieb er am 27. August 1885 an den Marchese d'Arcais, einen Theaterkritiker, den Eleonora und er gut kannten: «Ich glaube nicht, daß Eleonora böse ist... Ich vergebe ihr alles, was sie mir angetan hat, aber ich werde niemals vergessen können, daß sie, indem sie irgendeinem verrückten Impuls nachgab, mich aus dem Land meiner Geburt verbannt hat. Ich sehe vielleicht nie meinen Vater wieder, denn er ist bereits ein alter Mann. Eleonoras Verrücktheit hat mich auch von meiner Tochter getrennt und mich im Alter von 41 Jahren gezwungen, mir ein neues Leben aufzubauen... Was mich betrifft, so gibt es Eleonora Duse nicht länger.»[27]

Die Duse mußte sich gegen viele Vorwürfe verteidigen, etliche Bekannte und Freunde konnten ihr Verhalten nicht verstehen. Den wenigen, die ihr liebevoll und ohne Schuldzuweisung schrieben, wie Cesare Rossi, antwortete sie voller Dankbarkeit: *Ich bitte Sie, mir zu vergeben, daß ich Ihnen ein Blatt Papier als Brief sende... aber Ihre Worte von heute haben mir sehr gut getan! Sie haben mich von großem Gewissenszweifel befreit, von einer schweren Geistesqual und unbeschreiblicher Traurigkeit, die an mir fraß! Was soll's! Wenn ich auf dem Theater bin, mitten unter den Fremden, mache ich mich stärker als ich bin, und ich tue so, als sei ich heiter, um mich stark zu machen, aber in diesem Moment, allein, hier im Haus, mit vielen Gedanken, mit der ganzen Verantwortung für mein Sein... ganz auf mich gestellt... habe ich das Bedürfnis, Ihnen für die heutigen tröstenden Worte zu danken... Ich habe Sie gern, Rossi. Ich habe Sie gern, und mein Herz ist zu traurig, weil man nicht spürt, daß das, was ich Ihnen sage, die Wahrheit ist.*[28]

Auf dem Weg zur Selbständigkeit (1886–88)

Nach ihrer Rückkehr aus Südamerika dachte Eleonora Duse daran, die Truppe Cesare Rossis, die ihren gewachsenen künstlerischen Ansprüchen nicht mehr genügte, zu verlassen.

Im Dezember 1886 gab sie ihre Abschlußvorstellung in Rom; Rossi zog sich zunächst ins Privatleben zurück.

Wenig später gründete die Duse, gemeinsam mit ihrem Liebhaber Flavio Andò, ihre eigene Schauspieltruppe, die «Compagnia della Città di Roma» (Gesellschaft der Stadt Rom).

Es war der Duse nicht leichtgefallen, Rossi, der ihr immer liebenswürdig und hilfreich begegnet war, zu verlassen, aber sie mußte, um sich als Künstlerin weiter zu entwickeln, eigene Wege gehen: *Rossi war immer der gleiche, ängstlich für sich und die anderen... Er hat nie begreifen wollen, daß er in mir nicht eine Ware, sondern einen Menschen vor sich hat*[29], klagte sie später einmal.

Zunächst konnte Eleonora Duse, gemeinsam mit ihrem Mitdirektor Flavio Andò, noch keine grundlegenden Änderungen im Repertoire durchführen, denn man mußte Geld verdienen. Als Leiterin der Truppe war die Duse verantwortlich für die Finanzen, sie mußte die Mietverträge mit den Theatereignern abschließen, die Tageseinnahmen überwachen und die Ensemblemitglieder bezahlen. Den Schauspielern stand ihre Gage auch bei ausgefallenen Vorstellungen zu. In späteren Jahren, als sie immer mehr kränkelte, hat die Duse deshalb häufig bei Tourneen, wenn sie etliche Vorstellungen auf Grund ihrer angegriffenen Gesundheit hatte absagen müssen, die Preise der folgenden Abende verdoppelt.

Schon in den ersten Monaten des Arbeitens mit ihrer eigenen Truppe überanstrengte sich die Duse so sehr, daß das von der Mutter ererbte Lungenleiden wieder verstärkt auftrat; der Arzt bestand auf einer längeren Erholungspause.

Aus Varazze, einer kleinen Hafenstadt am Golf von Genua, schrieb sie einem Freund über ihr untätiges, erholsames Leben zusammen mit ihrer Tochter Enrichetta: *Da bin ich nun. Mit einer Hand schreibe ich, mit der anderen halte ich die Spielsachen der hübschen Kleinen – für die ich nur in* gewissen Stunden Mutter bin, während ich die längste Zeit des Tages mein möglichstes tue, um Kind zu sein, ein Wesen, das wenige Jahre alt ist und viel lächeln kann. Ich habe mich in ein winziges Haus verkrochen – es wirkt wie eine rote Schachtel mit grünen Läden – vor einem weiten, unerschöpflichen Meer... Welch ein Schweigen! Ein paar Grillen – eine herrliche Weinrebe an meinem Fenster – ein paar nicht ganz heile Puppen – Pferdchen ohne Sattel und ohne Zaumzeug... gesunde Kost – kein Klavier –

Um 1890

Arrigo Boito

keine irdische Musik – keine Zeitung – ein kleiner Mönch mit weißem Bart, der an jedem Morgen sein kärgliches Almosen sammelnd barfuß vorübergeht. So sieht mein Tag aus! Meine Gesundheit macht Fortschritte, und die Brust schmerzt nicht... und mein Körper, der schon bis in seine Wurzeln hinab sich zu zersetzen begann, fühlt sich wirklich wohl.[30]

Eleonora Duse genoß den Müßiggang, ließ sich treiben, und die Welt der Bühne rückte weit fort. Aus der räumlichen Distanz heraus versuchte Eleonora in einem Brief an den Theaterkritiker Marchese d'Arcais, ihre Auffassung vom Spielen sich selbst zu erklären, ihre völlige Identifikation jenseits des bewußten Spielens, die Umverwandlung, die sie als typisch weibliche Eigenart klassifizierte: *Bis jetzt aber, ich schwöre es Ihnen, habe ich die Bühne beinahe vergessen. Ich hätte sogar – beinahe – gesagt, daß es mir vorkommt, als hätte ich nie gespielt. Spielen? Welch häßliches Wort! Wenn es sich nur darum handelte, zu spielen! Ich spüre, daß ich es nie verstanden habe und es nie verstehen werde zu spielen! Die armen Wesen aus meinen Komödien sind ganz in mein Herz und in mein Bewußtsein übergegangen, und während ich mich mühe, sie dem Verständnis meiner Zuhörer so nahe zu bringen, als wollte ich sie gleichsam trösten – sind am Ende allmählich sie es, die mich trösten! Wie – und warum und seit wann diese unerklärliche und unleugbare Gefühlsverwandlung zwischen mir und jenen Frauen vorgegangen ist... es wäre zu lang und auch zu schwierig, es genau zu erzählen. Tatsache ist, daß, während alle diesen Frauen mißtrauen, ich mich vortrefflich mit ihnen verstehe! Ich schaue nicht darauf, ob sie gelogen haben, gesündigt haben, ob sie verderbt auf die Welt kamen – wenn ich nur spüre, daß sie geweint haben, daß sie litten um ihre Lügen, um den Verrat oder um die Liebe... Ich stehe zu ihnen und stehe für sie ein, und nicht aus Sucht zu leiden, durchfühle ich sie so, sondern weil das Mitgefühl der Frau tiefer geht und stärker, wärmer, umfassender ist als das Mitgefühl, das Männer aufbringen.*[31]

Die Anfänge der Truppe waren bescheiden: Neben den bewährten französischen, beim Publikum beliebten Stücken, allen voran die «Kameliendame», nahm Eleonora Duse die wenig gespielte Goldoni-Komödie «Pamela nubile» («Die verheiratete Pamela») in ihr Repertoire auf und Giuseppe Giacosas neues Stück «Tristi amori» («Traurige Liebschaften»), das sie am 30. November 1887 in Turin aufführte, nachdem es kurz zuvor in Rom vom Publikum mehr als unfreundlich aufgenommen worden war. Diesmal gelang es der Duse, die Zuschauer von der Qualität des düsteren Ehebruchsdramas zu überzeugen. In der Szene, als Emma, von ihrem Mann freigegeben, ihrem Geliebten nicht mehr folgen kann, weil sie die Puppe ihrer kleinen Tochter sieht, erschütterte Eleonora Duse die Turiner. Doch auf lange Zeit gesehen war die Ehetragödie, die Giacosa verfaßt hatte, kein großer Erfolg. Eleonora spielte sie allerdings noch recht häufig – dem Autor zuliebe und Arrigo Boito zuliebe, der einer der besten Freunde Giuseppe Giacosas war.

Im Februar 1887 hatte die Duse Boito wieder getroffen und sich in ihn verliebt. Für Eleonora Duse übersetzte Boito – mit geringen Englischkenntnissen – Shakespeares «Antonius und Cleopatra» ins Italienische, die Premiere fand am 22. November 1888 in Mailand statt – ohne großen Erfolg, nur Eleonora Duse fand die Anerkennung des Publikums. Der Kritiker der Mailänder Zeitschrift «Il Caffè» schrieb: «Wieder eine Enttäuschung... Das Schauspiel, das gestern abend aufgeführt wurde, ist lediglich ein blasser Widerschein des großen Geschichtsereignisses, das als Tragödie von Shakespeare dramatisiert und zum Leben gebracht wurde... Szenen, absolut notwendig zum Verständnis der logischen Folge und Ereignisse, wurden gestrichen, Charaktere, die einen entschiedenen Wert in sich und im Verlauf des Dramas haben, sind verzerrt...»[32], und der Rezensent von «Il Secolo» ließ auch an der Darstellung Cleopatras durch die Duse kein gutes Haar: «Tragödien und Schauspiele voll starker Leidenschaft, wie Shakespeares ‹Antonius und Cleopatra›, sind für sie völlig ungeeignet. Sie hat weder die Erscheinung noch die Stimme für große Charaktere. Um solch ein Niveau zu erreichen, muß sie mit ihrer Stimme übertreiben, indem sie stets die erste Silbe eines Wortes betont und den Rest vernachlässigt, muß sie schreien und sich anstrengen, was für alle, die sie sehen und hören, schmerzvoll ist...»[33]

Der eklatante Mißerfolg führte über eine kurze Zeit zu einem gereizten Ton in den Briefen, die Eleonora Duse und Arrigo Boito austauschten, aber das änderte nichts an ihrer tiefen Verbundenheit. Mit Boito arbeitete die Duse an ihrer unvollständigen Bildung – einem Komödiantenkind war regelmäßiger Schulbesuch versagt –, sie las eifrig, studierte neue Dramen und ließ sich von Arrigo beraten. Er tröstete sie auch immer wieder bei ihren häufigen Erkrankungen, die sie zum Beispiel 1888 und 1889 über Monate nicht auftreten ließen, er besuchte sie oft, aber heimlich, denn Eleonora durfte sich als getrennt lebende Frau keine Skandale leisten, wenn sie das Sorgerecht für ihre Tochter behalten wollte. 1887 mußte sie den Plan einer gesetzlichen Trennung von Tebaldo Checchi fallenlassen, weil er ihr drohte, dann die Tochter Enrichetta für sich zu beanspruchen.

Die Liebe zu Arrigo Boito war die beständigste für Eleonora Duse, dauerte an – mit der kurzen Unterbrechung während ihres Verhältnisses mit Gabriele D'Annunzio – bis zu Boitos Tod im Jahre 1918. Arrigo Boito machte die Duse glücklich, zufrieden, stark, er gab ihr Kraft.

Nach der ersten flüchtigen Begegnung 1884 sahen sich die Schauspielerin und der Schriftsteller am 11. Februar 1887 wieder. Arrigo Boito saß mit Giuseppe Verdi zusammen unter den Zuschauern, als Eleonora Duse im Mailänder Teatro Manzoni in Goldinis «Pamela nubile» auftrat. Kurz nach diesem Ereignis begann ihre Liebesbeziehung; am 20. Februar 1888 schrieb Boito an Eleonora: «Seit einem Jahr leben wir in einem Traum! Genau seit einem Jahr: keine Stunde mehr, keine Stunde weniger.»[34]

Im September 1887 hielt sich Eleonora Duse in Genua auf, um dort ihre Truppe für die nächste Tournee durch Italien aufzustellen, von dort aus erhielt Arrigo einen Brief voller Übermut und voller Sehnsucht: *Arrigo – Arrigo! – Die Hand zittert, und die Stimme singt, wenn sie diesen schönen*

Namen sagt! Arrigo! Gott! Welch eine Süße nur in diesem Namen! Welche Süße! A-R-R-I-G-O ich möchte ihn auf alle Straßen, über die ich fahre, schreiben – ich möchte ihn in roter Farbe schreiben können, denn jedes Äderchen meines Körpers ist Arrigo-farbig, das ist kein Blut mehr, was ich in meinen Adern habe. Arrigo, oh welch schöner Name! Oh der schöne Name! ... Ach, diese leeren Tage, diese beängstigenden Tage! Das Fieber, diese Schlaffheit, die Sehnsucht nach Liebe und zu lieben, die ich im Herzen hatte; ach – die Wünsche.[35]

Arrigo Boito half der Duse bei der Auswahl der Lektüre, beim Planen der neuen Spielplätze; sie spornte ihn immer wieder zu neuen Arbeiten an, wenn er in Zeiten tiefer Niedergeschlagenheit nichts mehr leisten zu können glaubte. Im Januar 1889 schrieb sie ihm aus Palermo, wo sie einen kurzen Erholungsurlaub verbrachte und das ihr wie ein kleines Amerika[36] erschien, einen beschwörenden Brief: *Arrigo! Arrigo! Arrigo! ich flehe Sie an, ich bitte Sie inständig nur um eine Sache! Tut Sie bitte, um Gottes willen! Arbeitet – arbeitet. Arbeitet um Gottes willen! Rettet mich und Euch, indem Ihr arbeitet – um Gottes willen! Wenn nicht – sind wir verloren – sind wir füreinander verloren, das fühle ich! Ich flehe Sie nur um dieser einen Sache willen an, nur das eine bitte ich... Arbeitet, arbeitet, das ist Eure und meine Rettung... Lieber, Lieber, ich weiß nicht, was ich Dir sonst noch sagen soll, weil die Angst, weit entfernt von Dir zu leben, sehr groß ist.*[37]

Eleonora Duse konnte nur mit einem tätigen, erfolgreichen Partner zusammen leben, nur solch ein Geliebter war auch bereit, ihren Beruf und ihren Ehrgeiz zu akzeptieren. Und trotzdem – mit Arrigo Boito träumte sie immer wieder davon, sich von der Bühne zurückzuziehen, mit ihm und ihrer Tochter Enrichetta in einem alten Palazzo in Venedig, ihrer Lieblingsstadt, zu leben.

Denn Boito, obwohl er die schauspielerischen Leistungen Eleonoras bewunderte, hat im Grunde seines Herzens das Theater verachtet und nur die Oper gelten lassen. Zunächst versuchte er, seine Freundin von den französischen Salonstücken wegzuführen – hin zu anspruchsvolleren Dramen. So ist auch seine Übersetzung von «Antonius und Cleopatra» nichts anderes als ein Versuch, die Kunst der Duse zu ‹veredeln›, ein Versuch, der kläglich mißlang, denn das Publikum bestand auf der «Kameliendame» und konnte «Cleopatra» nichts abgewinnen. Letztlich hoffte Boito, daß sich Eleonora ihm zuliebe ganz vom Theater verabschieden würde. Immer wieder taucht in den den Briefen der beiden Liebenden der Traum vom gemeinsamen, ruhigen Leben in Venedig auf. Wider besseres Wissen beschworen sie stets auf neue diese Vision – denn sowohl Eleonora wie auch Arrigo waren nicht geboren für ein zurückgezogenes Familienleben, beide brauchten auch den äußeren Erfolg, die Anerkennung durch das Publikum, so sehr sie dessen Launen und Ansprüche auch manchmal verfluchen mochten.

Die Duse und Arrigo Boito haben niemals für längere Zeit zusammen gelebt, nur sehr kurze gemeinsame Urlaubstage verbracht, sich oft nur in verschiedenen Städten ‹zwischen zwei Zügen› gesehen. Aber sie sind sich immer, auch als die Leidenschaft vergangen war, nahegeblieben, haben freundschaftlich füreinander empfunden, sich regelmäßig geschrieben. Eleonora Duse ist ihrem «Heiligen», wie sie Arrigo nannte, trotz Gabriele D'Annunzio treu geblieben. Die Liebe zu D'Annunzio war wie ein Rausch, gefährlich-schön, und am Ende stand die schmerzhafte Ernüchterung; Boito dagegen war mehr als zwei Jahrzehnte der sichere Freund und Berater, auch wenn man sich für lange Zeit nicht sah und sprach.

Beginnender Weltruhm (1889–94)

Am 17. Dezember 1889 ging die Duse mit ihrer Truppe – in eigener Verantwortung – auf eine ausgedehnte Auslandstournee, die unter anderem nach Alexandria, Kairo, Barcelona, Madrid führte und am 22. September 1890 endete. Allein auf sich gestellt, hatte Eleonora Duse den ersten Schritt aus Italien heraus, wo sie mittlerweile eine Berühmtheit war, in eine breitere Öffentlichkeit getan. Abgesehen von den – für die Duse üblichen – kurzen Unterbrechungen durch Krankheit konnte man die erste Auslandstournee wohl als vollen Erfolg werten.

Die Duse war 31 Jahre alt, als sie ihre internationale Karriere begann, zum erstenmal als eigenständige Leiterin und Star ihrer Truppe auf Tournee ging. In den nächsten Jahren sollte sie fast ununterbrochen durch die Welt reisen, in verschiedenen Ländern vor unterschiedlichem Publikum spielen – zunächst immer noch die so beliebten französischen Salonstücke, dazu Vergas «Cavalleria rusticana», Goldoni-Komödien, «Antonius und Cleopatra», wenige Schauspiele von Giuseppe Giacosa.

Im Oktober 1890 traf sich Eleonora Duse in Turin mit Arrigo Boito und machte die Bekanntschaft des jungen, noch nicht ganz achtundzwanzigjährigen Dramatikers Marco Praga. Gemeinsam mit Verga wurde Praga einer der führendsten Vertreter des italienischen Verismus. In seinen Stücken, die häufig in Mailand spielen, behandelt er auf naturalistische, an Ibsen gemahnende Weise die Brüchigkeit der sogenannten guten Gesellschaft und ihrer Moralbegriffe. Wie schon Giovanni Verga, so verhalf die Duse, immer auf der Suche nach neuen Stücken, auch Marco Praga zum Durchbruch. Am 11. November 1890 führte sie in Turin sein Schauspiel «La moglie ideale» («Die ideale Frau») auf und hatte damit einen überwältigenden Erfolg. «Die ideale Frau» ist ein Ehebruchsdrama, das nicht tragisch endet und bei dem alle Sympathien der Zuschauer der koketten Giulia gelten, die ihrem Mann die ideale Ehefrau und ihrem Liebhaber die ideale Geliebte vorspielt. Auch in prekären Situationen weiß die hübsche und gesellschaftlich gewandte Ehebrecherin ihren äußeren Schein der Wohlanständigkeit zu bewahren. Ihre geschickten Manöver, ihr Charme entzücken und blenden. Und als der Geliebte

Henrik Ibsen

sie verläßt, redet sie sich selbst ein, schon lange nichts mehr für ihn empfunden zu haben und eigentlich doch immer die «ideale Frau» für ihren
Ehemann gewesen zu sein.

Trotz aller Ironie und Gesellschaftskritik, die Marco Praga in seinem
Drama zur Sprache bringt, erinnert die Geschichte an die üblichen Dreiecksgeschichten der französischen Salonstücke. Das Theaterpublikum
mußte sich nicht umstellen und konnte die geliebte Duse wieder einmal in
der Rolle einer kapriziösen, klugen und den Männern letztlich überlege-
nen Frau bewundern. «Giulia» wurde eine der Glanzrollen Eleonora
Duses.

Ungefähr zu der Zeit, als sie mit dem Schauspiel Marco Pragas Triumphe feierte, begann die Duse, sich ernsthaft für die Dramen Henrik

Ibsens, die sie in der französischen Übersetzung las, zu interessieren. Arrigo Boito glaubte zwar fest daran, daß Ibsen ihr nicht gefallen könnte, aber Eleonora Duse war ein Theatermensch, wohl auch in ihrem Geschmack nicht so konservativ wie Boito und stets begierig, neue Stücke zu erhalten. Ibsen gefiel ihr – in späteren Jahren sollte er die Hauptstütze ihres Spielplans werden –, sie erkannte die Bühnenwirksamkeit seiner Dramen und begeisterte sich für seine Frauenrollen, die jeder Schauspielerin große Gestaltungsmöglichkeiten eröffneten. Die gesellschaftskritischen, späten Stücke Ibsens, die er seit dem Erscheinen von «Stützen der Gesellschaft» im Jahre 1877 schrieb, waren zumeist konsequent auf ein tragisches Ende hin aufgebaut wie die antike Tragödie. Doch Atmosphäre und Stil der Dramen zeigen deutlich den Einfluß des französischen Konversationsstücks. Die Entlarvung der Lebenslüge, das Aufdecken der heuchlerischen gesellschaftlichen Moral und vor allem die unterdrückte Stellung der bürgerlichen Frau in der Familie stellen die Hauptthemen der zu ihrer Zeit als revolutionär, oft als schockierend empfundenen Schauspiele dar.

Am 9. Februar 1891 stand die Duse als Nora in «Ein Puppenheim» im Mailänder Teatro Filodrammatici auf der Bühne. An diesem Abend wurde zum erstenmal in Italien ein Ibsen-Stück aufgeführt. Nachdem die Duse bewiesen hatte, daß auch italienische Schauspieler und italienische Zuschauer den norwegischen Dichter sehr wohl interpretieren und verstehen konnten, wagten auch etliche ihrer Kollegen, Ibsen ins Repertoire zu nehmen. Selbst der stets ängstliche Cesare Rossi spielte «Stützen der Gesellschaft».

Im März 1891 startete Eleonora Duse mit ihrer Truppe erneut zu einer langen Reise, die sie nach Rußland, Österreich und Deutschland führen sollte. Am 8. März schrieb sie aus Rom an Arrigo Boito: *Ich muß reisen. Der letzte Arbeitsabend ist Freitag, der 13. ... am 14. ist Abreise, um drei reise ich von hier direkt nach München und Berlin, komme am 16. morgens in Berlin an, dort werde ich einen Tag mich aufhalten, am nächsten weiterfahren. Ich war damit einverstanden, mit den anderen zu reisen, mich allein strengte es zu sehr an, und weil ich zwischen Rom und Petersburg meinen Koffer sicherlich werde öffnen müssen, dann kann es auch einer von diesen Lumpen tun... Liebling, stör Dich nicht am trockenen Ton meiner Worte – ich rieche bereits den Geruch der Eisenbahn... nein, nein, Liebling, ich will Dich nicht sehen. Es ist besser so... Ich fühle mich schwach, und ich brauche für mich und für Dich, daß Du mich stark glaubst.*[38] Einerseits sah sie der anstrengenden Reise ängstlich entgegen, trennte sich wohl auch nicht gern für längere Zeit von Boito, war andererseits aber auch begierig, die Herausforderung, die diese Tournee an sie stellen würde, anzunehmen.

Am 16. März trat Eleonora Duse als «Cleopatra» in St. Petersburg auf, in einer Rolle, die ihr in Italien nicht gerade enthusiastische Kritiken eingebracht hatte. Hier riß sie das Publikum zu Beifallsstürmen hin; Anton Tschechov, damals 31 Jahre alt, teilte seiner Schwester voller Bewunderung mit: «Ich habe gerade die italienische Schauspielerin Duse in Shakespeares Cleopatra gesehen. Ich verstehe kein Italienisch, aber sie hat so gut gespielt, daß es mir vorkam, als verstünde ich jedes Wort. Welch eine wunderbare Schauspielerin! Ich habe noch nie zuvor etwas Gleichartiges gesehen. Ich betrachtete die Duse, und ich fühlte Trauer, weil wir unsere Sensibilität und unseren Geschmack durch so hölzerne Aktricen wie X und andere, die ihr ähneln, erziehen lassen müssen, und das dann großartig finden, weil wir nichts Besseres gesehen haben. Als ich die Duse beobachtete, wurde mir klar, warum wir uns im russischen Theater langweilen.»[39]

Die Kritiker verglichen die Duse mit der Bernhardt, die schon mehrmals in Rußland gastiert hatte, und fanden, daß die italienische Schauspielerin ihre französische Kollegin an Talent, Ausdruckskraft und Wahrheit der Darstellung überträfe, während Sarah durch effektvolles Sich-in-Szene-Setzen blendete. Auch in den anderen russischen Städten: Moskau, Charkow, Kiew, Odessa eroberte die Duse ihr Publikum und die Kritiker als «Kameliendame», als «ideale Frau», in «Pamela nubile», als «Locandiera», als «Cleopatra», als «Santuzza», als «Frou-Frou».

Nach einer kurzen Rückkehr nach Turin im Herbst 1891 spielte die Duse vom November des Jahres bis zum September 1892 erneut in Rußland. Während einer Vorstellung von Ibsens «Ein Puppenheim» erfuhr sie, daß ihr Vater, Alessandro Duse, am 11. Januar 1892 in Venedig gestorben war. Seine letzten Lebensjahre hatte er in Ruhe, durch die erfolgreiche Tochter großzügig unterstützt, leben können. Er hatte den ungeliebten Beruf des Schauspielers aufgegeben und sich seiner heimlichen Liebe, der Malerei, gewidmet.

Zur gleichen Zeit wie Eleonora Duses «Compagnia della Città di Roma» war auch eine Truppe österreichischer Schauspieler in St. Petersburg: unter anderem Joseph Kainz, Friedrich Mitterwurzer, Jenny Groß, Lotte Witt. Sie wurden von dem österreichischen Schriftsteller und Theaterkritiker Hermann Bahr begleitet. Er erinnerte sich an seine erste Begegnung mit Eleonora Duse: «Bei der Zollrevision an der Grenze sagte mir die schöne Jenny Groß, mitleidig auf eine dunkel verhüllte Gestalt und ihre Gefährten zeigend: ‹Das sind Konkurrenten; Katzelmacher, die auch in Petersburg gastieren. Der armen Person war in der Nacht schlecht. Es ist eine gewisse Duse!› Kein Mensch kannte den Namen, und in dem ungewissen Licht sah sie nicht nach Berühmtheit aus... Eines Abends spielte Kainz nicht. Er hatte frei. Wohin gehen wir? Er entschied sich für die gastierenden Italiener: ‹italienische Komödianten, noch so schlecht, sind mir lieber als die deutschen; auch von italienischen Schmieranten kann man noch immer was lernen.› La femme de Claude wurde gespielt. Hinter uns saß Mitterwurzer. Plötzlich packt mich Kainz am Arm, er klammert sich an, und ich höre Mitterwurzer aufstöhnen; und ich selber sagte mir aber nur in einem fort: Du darfst nicht laut heulen, du machst dich lächerlich! Unvorbereitet, ganz ungewarnt, gar nicht darauf gefaßt, die Duse plötzlich zu erleben, in Erwartung irgendeiner begabten Komödiantin sich plötzlich vor der Duse zu finden, zum erstenmal angesichts der Duse – was das ist, geht über alle Kraft des Worts ... Ich schrieb dann in der Frankfurter Zeitung etwas wirr über die Duse. Darauf fragte ein eifriger Wiener Theateragent behutsam bei mir an, ob das nur ein Feuilleton, oder aber eine so begabte Schauspielerin tatsächlich vorhanden, und es rätlich wäre, sie nach Wien zu bringen. Auf meine Beteuerung ihrer Tatsächlichkeit und dieser Rätlichkeit ließ der brave Täncer sie nach Wien kommen; am ersten Abend spielte sie vor leerem Hause, den nächsten Tag war sie weltberühmt.»[40]

«Der brave Täncer», ein österreichischer Theateragent – stets auf der Suche nach publikumswirksamen Neuheiten –, engagierte Eleonora Duse für den Februar 1892 nach Wien. Sie trat im Carl-Theater auf, einem Haus von geringerer Bedeutung in der Hierarchie der österreichischen Bühnenwelt. Am 20. Februar 1892 erlebten die wenigen erschienenen Zuschauer die unbekannte italienische Schauspielerin als «Kameliendame» – man war zunächst skeptisch, dann hingerissen. Täncer hatte vorerst nur vier Vorstellungen mit ihr verabredet, doch der Erfolg war so groß, daß die Duse im Mai bereits wieder in Wien spielte und diesmal besonders als Nora in «Ein Puppenheim» und als «Cleopatra» entzückte. Noch im Oktober, als sie zum drittenmal in einem Jahr in Wien auftrat, riß sie die Zuschauer auch als Santuzza in «Cavalleria rusticana» – das Stück hatte sie kurzfristig ihrem Spielplan hinzugefügt – zu Ovationen hin.

Die österreichischen Schauspieler Joseph Kainz und Jenny Groß, die Eleonora in St. Petersburg erlebt hatten, sorgten dafür, daß sie auch ans Lessing-Theater nach Berlin eingeladen wurde. Vom 19. November 1892 bis zum 19. Januar 1893 erlebte das Berliner Theaterpublikum die italienische Schauspielerin zum erstenmal.

Hermann Bahr schrieb einen «Führer durch das Gastspiel» der Duse, in dem er die einzelnen Dramen, in denen sie auftrat, vorstellte und die Besonderheit der italienischen Schauspielerin zu erklären versuchte. Denn es war schwer, wenn man Eleonora zum allererstenmal erblickte, in ihr eine große Künstlerin zu vermuten, zunächst zeigte sich jeder enttäuscht, weil die kleine, unscheinbare Person so gar nicht dem Schön-

In Wien, 1892

heitsideal der damaligen Zeit entsprach und auch nicht der Vorstellung, die man sich gemeinhin vom Aussehen einer Schauspielerin machte.

«Sie ist klein, ein bißchen plump, und ihren schweren, trägen Gebärden fehlt die Anmut. Ihre Augen sind groß und schön, aber wehmütig und verzagt: sie haben eine flehentliche Demut; kräftige Leidenschaft kann in ihnen nicht vermutet werden. Die Nase ist klein und stumpf, wie von einem verwunderten Pierrot. Die Wangen hängen schlaff herab, ohne einen persönlichen Zug. Die Miene ist verwischt und unentschieden, als ob viele Tränen jede Besonderheit hinweggespült hätten. Nur um diesen süßen, wunden Mund ist in seltsamen Strichen ein unsäglicher Gram verbreitet, der von stürmischen Begierden, von mutigen Hoffnungen und schmerzlichem Erlebnis erzählt... Es ist immerhin ein Gesicht, bei dem man verweilen muß; aber schön darf man es nicht nennen, und mit dem suggestiven Profil der Bernhardt, welches wie ein arabisches Märchen ist, kann man es nicht messen.»[41]

Aber Bahr wußte genau, daß bei Eleonora Duse die äußere Erscheinung von untergeordneter Bedeutung war, daß sie wirkte wie keine Schauspielerin vor ihr, hatte sie erst einmal die Bühne betreten: «Da ist sie schön. Sie ist da auch häßlich – sie ist groß und sie ist klein, sie ist jung und sie ist alt... sie ist, was ihre Rolle jedesmal ist. Das macht ihren unvergleichlichen Zauber. Solche Gewalt über jeden Muskel, über alle Nerven, über den ganzen Leib, daß alles unbedingt gehorcht und jede

Hermann Bahr

Das Lessing-Theater in Berlin

Verwandlung willig verrichtet, hat kein anderer Künstler jemals besessen... Ihre Miene wechselt bei der leisesten Nuance, die letzten Feinheiten psychologischer Entwicklung drückt sie mit dem bloßen Auge aus, vollkommen deutlich, ohne Rest; sie charakterisiert mit der Büste, mit dem Gang, mit den Fingern...»[42]

Ihre absolute Wandlungsfähigkeit, ihr Leben in der Rolle, ihr nicht-intellektueller, sondern völlig natürlicher Umgang mit der Person, die sie nicht nur darstellte, sondern lebte, fiel allen Kritikern in allen Ländern und zu allen Zeiten auf.

Hermann Bahr setzte ihr Spiel positiv gegen das gedankenbeladene Agieren der deutschen Schauspieler ab: «Sie deklamiert niemals, sie hat keine Posen, sie verschmäht alle Mätzchen. Von allen möglichen Ausdrücken nimmt sie sicher jedesmal den nächsten, den einfachsten und natürlichsten... An das Publikum denkt sie gar nicht, jeder kommentatorische Trieb der deutschen Schauspieler, der nicht die Rolle, sondern eine umständliche und tiefsinnige Erläuterung der Rolle geben will, damit nur ja gewiß ein jeder seine belesene und nachdenkliche Gelehrsamkeit bewundere, ist ihr fremd: ich glaube, sie würde das überhaupt gar nicht begreifen – sie ist durchaus naiv. Was man bei den Deutschen fast immer fragt, das fragt man bei ihr niemals: was hat sie sich dabei gedacht, was will sie mit dieser Nuance? Man sagt bei ihr auch niemals: wie wunderbar ist das gemacht; sondern das kommt alles so, wie es eben sein muß, und es fällt einem gar nicht ein, ob es vielleicht auch anders sein könnte: es ist alles notwendiges Ergebnis der Natur, und wie ein Schicksal nehmen wir es auf.»[43]

Von Februar 1892 bis Januar 1893 spielte die Duse in Wien, Graz, Budapest, Prag und Berlin und begeisterte Publikum und Kritiker. Sie überzeugte wiederum in den französischen Salonstücken, als «Kameliendame», als Ibsens «Nora», als Goldonis «Pamela» und «Locandiera» ebenso wie in den Rollen der jungen italienischen Dramatiker des Verismus. Sie wurde gefeiert als neues Bühnenwunder, und sie verausgabte sich völlig. Sie schrieb einem Freund 1892 von ihrem *hundemäßigen Beruf*, da sie *immer dieselben Geschichten zu verschiedenen Menschen sagen*[44] müsse.

Hermann Sudermann, in dessen Stück «Heimat» sie als Magda brillierte, teilte sie 1893 bei ihrem Gastspiel in Berlin mit: *Ihre Magda hat zehn Jahre gearbeitet. Die Ihnen schreibt, arbeitet seit zwanzig Jahren. Der Unterschied ist ungeheuer, wenn man bedenkt, daß es sich um eine Frau handelt und um eine Frau, die im Gegensatz zu Magda – die Tage zählt, um vom Theater abzugehen. Magda war siebzehn Jahre – zu Hause. Die Ihnen schreibt, hatte nichts von alledem. Man hat ihr mit vierzehn Jahren lange Röcke angezogen – und gesagt: «Du mußt auftreten». Es besteht ein Unterschied zwischen der einen und der anderen Frau... Zudem gehört Magda Ihnen, sie ist Ihr Geschöpf, die andere lebt und trägt Kleider wie alle Welt. Doch liegt ihr daran, Ihnen ganz einfach zu danken, denn dank Ihrem Schauspiel ‹Heimat› hat sie die Verantwortung für den heutigen Abend übernommen – und das mit Freuden.*[45]

Hermann Sudermanns Drama «Heimat» hatte gerade seine Uraufführung erlebt (7. Januar 1893), als Eleonora Duse das Schauspiel, das sich mit dem damals brisanten Thema des bürgerlichen Ehrbegriffs auseinandersetzt, ihrem Repertoire hinzufügte. Die Geschichte der vom Vater

Als Magda in Hermann Sudermanns «Heimat»

wegen einer Liebschaft verstoßenen Tochter, die nach zwölf Jahren als gefeierte Sängerin ins Elternhaus zurückkehrt und dort wiederum nur auf vordergründige Moralbegriffe und schlimmste Heuchelei trifft, gefiel

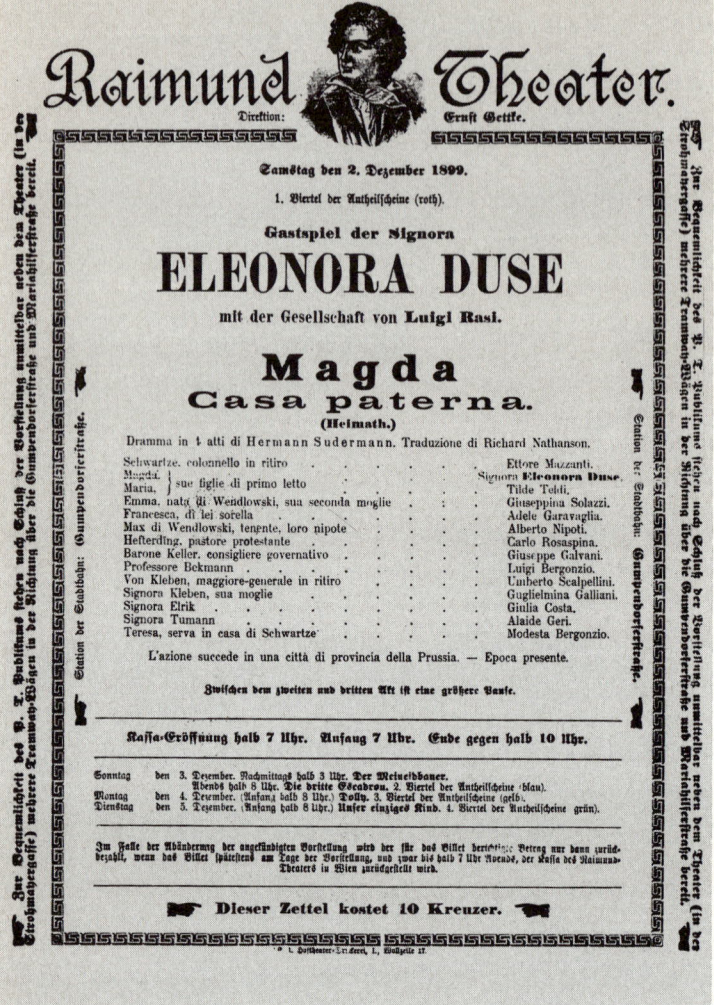

Eleonora Duse als Sujet sehr. Die Rolle der Künstlerin Magda entsprach ihrem Naturell und ihrer Gestaltungsfähigkeit.

Wie sehr die Duse fähig war, diese Bühnenfigur lebendig werden zu lassen, sie zu leben, läßt sich an dem Umstand messen, daß sie – zum Erstaunen und Entzücken aller Zuschauer – in der Szene, in der Magda zum erstenmal wieder dem Mann gegenübersteht, der sie verließ, weil sie ein Kind von ihm erwartete, langsam errötete. Diese Fähigkeit, auch über die gemeinhin nicht kontrollierbaren Körperregungen zu verfügen, war höchster Ausdruck des Sich-Hineinversetzens in eine fiktive Gestalt, war das genaue Gegenteil des intellektuellen Spielens. Hermann Sudermann konnte den Eindruck, den das Spiel der Duse auf ihn machte, in einem Brief an seine Frau nicht anders ausdrücken als: «Ich bin unfähig, ihre Kunst zu beschreiben. Stell Dir unsere ideale Magda vor und füge dann noch Abertausende von Überraschungen und Offenbarungen hinzu.»[46]

So wie Eleonora Duse spielte, verausgabte sie sich an jedem Abend völlig. Manche Vorstellung mußte abgesagt werden, die labile Gesundheit der Schauspielerin wurde immer heftiger erschüttert. Die völlige Erschöpfung führte zu Depressionen, Selbstzweifeln und wilden Klagen über ihr hartes Schicksal. Am Silvesterabend 1893 in Berlin ließ sie ihr bisheriges Leben in einem Brief an Arrigo Boito Revue passieren, und es scheint so, als ob der äußere Erfolg nur schwer die Bitternis, die sie empfand, versüßen konnte: *Und wenn es der letzte Tag des Jahres ist, an dem ich schreibe, sei's drum. Ich bedaure wenig. Noch 32 Tage, und es ist vorbei. Man mußte sein Brot verdienen – das habe ich getan, und wer nach mir leben wird, wird das Brot und ein ärmliches Haus vorfinden... es ist eine schlimme Sache, wie wenig einer dem anderen in dieser Welt helfen kann – Aus eigener Kraft, und nur für sich – das ist das Gesetz! Aber es ist vorbei! und heute nacht muß ich herausschreien, daß ich gearbeitet habe – und es vorbei ist! Von 1886 bis heute habe ich gearbeitet. Wer hat mir geholfen? Keiner, und alles – aber jetzt ist es vorbei! – Noch 32 Tage – noch 4 Städte... – Wer mit gebundenen Händen und Füßen gelebt hat, im Schraubstock und ohne zu schreien – der versteht, wenn ich heute nacht rufe, es ist vorbei, es ist vorbei.*[47]

Trotz der großen physischen und psychischen Belastungen vergaß Eleonora Duse nie ihre Freunde von früher und versuchte, ihnen zu helfen, wenn es nötig war. Bereits am 25. Mai 1892 hatte sie Cesare Rossi aus Wien geschrieben und ihm versichert, daß sie ihm die gleiche Zuneigung wie vor zehn Jahren entgegenbringe und von ihm dasselbe hoffe.[48] Als sie ein Jahr später erfuhr, daß Rossi sich in erheblichen finanziellen Schwierigkeiten befand, versuchte sie, ihm diskret und ohne sein Ehrgefühl zu verletzen zu helfen: *Sie wissen, daß ich mich nächstes Jahr ausruhen will – und wenn meine Gesundheit nicht neu erblüht, wie die dumme Marguerite Gautier es nennt, werde ich mich nie wieder an die Spitze eines gewagten Unternehmens stellen. Doch es liegt mir am Herzen, Ihnen, lieber Rossi, privatim und öffentlich zu zeigen, wie sehr ich Ihnen zugetan und dankbar bin. Auf welche Weise? Ich hatte gedacht, mir das Vergnügen zu bereiten, Ihnen zu diesem Zweck eine Abendvorstellung in einer Hauptstadt zu wid-*

men, zum Beispiel im nächsten Jahr in Rom. Ein Abend zu Ihren Ehren, an dem teilzuhaben Sie mir gestatten.[49]

Ein ganzes Jahr Pause, davon sollte die Duse noch lange träumen; als sie Rossi diesen Wunsch im Mai 1893 aus London schrieb, hatte sie gerade ihre erste Amerika-Tournee mit Gastspielen in New York, Chicago und Boston hinter sich, und Budapest, Wien, Berlin und Hamburg lagen noch vor ihr.

Amerika hatte ihr angst gemacht, die modernen, lauten, hektischen Städte, die vielen Autos, der Mangel an Ruhe hatten ihrer Gesundheit arg zugesetzt. Die Zudringlichkeit der Presse war für die Duse ein Schock, sie weigerte sich stets, über ihr Privatleben zu sprechen, Interviews zu geben; man sollte sich für die Schauspielerin interessieren, nicht für die Person Eleonora Duse. Ihr ablehnendes Verhalten stieß in Amerika auf unverhohlene Kritik; man war daran gewöhnt, daß Künstler alles für ihre Publicity taten und sich stets bereitwillig interviewen ließen. Auch ihre Art des Spiels und die italienische Sprache waren für das amerikanische Publikum zu ungewohnt, um gleich zu gefallen. Aber auch hier fanden sich schon begeisterte Kritiker, die das Lob Eleonora Duses in ihren Blättern sangen. Im «New York Herald» stand am 31. Januar 1893: «Nach solch einer Leistung erscheint alles verzeihlich – der Enthusiasmus der Bewunderer, die für Frau Duse beanspruchen, daß sie nicht nur die beste Schauspielerin unserer Zeit, sondern aller Zeiten ist, und die gut bekannte Gleichgültigkeit der Dame gegenüber der Kritik, ihre Verachtung alles dessen, was nach persönlicher Publicity riecht. Solche perfekte Kunst und solche wunderbare Kraft, wie sie sie gestern abend... vorzeigte, kann es sich leisten, Nörglern und Advokaten gegenüber dieselbe Gleichgültigkeit an den Tag zu legen.»

In der «Evening World» war am 24. Januar 1893 über ihre «Kameliendame» zu lesen: «... eine Frau von Originalität, die Theaterkonventionen nicht beachtet und es wagt, natürlich zu sein, mit einer unschuldigen Einfachheit, die alle direkt ergriff und eine Sprache, die wenige verstanden, in überzeugendstes Englisch verwandelte. Das Italienisch der Duse ist unendlich verständlicher als unsere Muttersprache, so wie sie eine von zehn Schauspielerinnen sprechen.»

Die «Times» zitierte am 5. Februar 1893 den Theaterdirektor Albert M. Palmer: «Frau Duse ist die größte Schauspielerin, die ich jemals gesehen habe, wobei ich die Bernhardt nicht ausnehme. Ihr Spiel ist für mich eine Offenbarung. Es ist erstaunlich. Ich habe nicht geglaubt, daß man auf der Bühne zu solch einer Natürlichkeit gelangen könne. Die Duse vermittelt die vollkommene Illusion, und sie verkörpert die Gestalten in atemberaubendem Realismus. Sie gibt eine perfekte Vorstellung der großen Kunst des Schauspiels, einer Kunst, die diese Generation noch nicht die Gelegenheit hatte zu sehen.»

Porträt der Duse von A. N. Roussoff (d. i. Alexander Wolkoff)

Die lobenden, zum Teil enthusiastischen Kritiken in den amerikanischen Zeitungen hatte sich die Duse hart erarbeiten müssen, zunächst zeigten sich die Rezensenten und die Zuschauer enttäuscht. Nach dem ersten Auftritt Eleonora Duses als «Kameliendame» am 23. Januar 1893 in New York herrschte Befremden: die italienische Sprache bei einem dem Publikum vertrauten Stück irritierte, man fand die Duse gar nicht hübsch, noch nicht einmal auffallend. Doch langsam überzeugte die italienische Künstlerin auch die Skeptiker, und ihr Anderssein, ihre bescheidene äußere Erscheinung und ihre Art der Darstellung wurden akzeptiert – Eleonora Duse hatte sich wieder einmal durchgesetzt.

Und nachdem eine amerikanische Journalistin einen Brief der Duse veröffentlichte, in dem diese um Nachsicht bat, wenn sie fast jedes Interview ablehnte, gehörte Eleonora Duse nicht nur die Bewunderung, sondern auch die Sympathie des amerikanischen Theaterpublikums. Die Duse hatte geschrieben: *Ich liebe die Freiheit so, als wäre ich selbst Amerikanerin. Aber ich bin die Sklavin des Publikums, das bezahlt, um mich zu sehen, die Sklavin meiner Engagements, die Sklavin des Autors, der das Schauspiel geschrieben hat, und in besonderem Maße bin ich die Sklavin meiner Eigenart, die es mir nicht erlaubt – leider –, meine Rolle einfach nur zu spielen, sondern mich – sehr gegen meinen Willen zwingt – mit den Gestalten, die ich darstellen muß, zu leiden. Deshalb ... habe ich, wenn ich nach Hause komme, nur den einen Wunsch, alles, was auch nur im entferntesten mit meiner Arbeit zusammenhängt, zu vergessen. Sie können sich leicht vorstellen, daß Interviews mit Journalisten nicht dazu beitragen können, daß ich vergessen kann ... Ich habe eine große Abneigung gegen Reklame.*[50]

Von New York aus besuchte die Duse noch die Theater in Philadelphia und Chicago. Ihr Gesundheitszustand war nicht der beste, so daß sie mehrere Vorstellungen ausfallen lassen und bei den folgenden die Preise erhöhen, in Chicago sogar verdoppeln mußte, um auf ihre Kosten zu kommen. Diese Maßnahmen brachten ihr keine freundliche Presse. Zusätzlich unfreundliche Kommentare erntete die Duse, als sie die Kleider, die sie bei einem Chicagoer Modehaus bestellt hatte, wieder zurückgehen ließ, weil ihr die eng geschnittenen, mit mächtigen Krinolinen ausgestatteten Roben, die ihre Bewegungsfreiheit behinderten, nicht behagten. Sie bestand darauf, daß die steifen Krinolinen entfernt und durch fließendes Seidenfutter ersetzt wurden. Zeit ihres Lebens hat Eleonora Duse sich in ihrer privaten Kleidung und in ihren Bühnenkostümen keinem Modediktat unterworfen. Sie bevorzugte weichfallende, großzügig geschnittene Kleider, die nicht einengten, die einen schlichten Eindruck machten, aber für die die wertvollsten Stoffe verwendet wurden. Später sollten Jacques Worth in Paris und vor allem der spanische Modeschöpfer Mariano Fortuny, der in Venedig arbeitete, ihren Wünschen entsprechen.

Als die Duse am 22. April 1893 von Amerika abreiste, hatte sie Kritiker und Publikum noch nicht ganz erobert, war vielen noch fremd geblieben, doch sie wird wiederkommen. Finanziell allerdings konnte sie die Tournee als einen großen Erfolg verbuchen.

Das anschließende Gastspiel in London mußte sie verschieben, weil sie zu erschöpft war; wieder einmal beschäftigte Eleonora Duse sich mit dem Gedanken, den aufreibenden Schauspielerberuf zu beenden und sich zurückzuziehen. Aber die Zeiten der Ruhe waren auch 1894 selten. Nicht sehr häufig konnte sie sich in ihrer Wohnung in Venedig aufhalten. Von

Palazzo Wolkoff am Canal Grande

Die Duse in ihrem Zimmer in Venedig

dem russischen Maler Alexander Wolkoff, der unter dem Namen Roussoff malte und dem die Duse auch Modell saß, hatte sie den obersten Stock seines Palazzo am Canal Grande gemietet.

Ich habe mich in einer kleinen Wohnung im letzten Stockwerk eines alten Palazzo eingerichtet, unter dem Dach, mit einem großen Spitzbogenfenster, von dem aus man die ganze Stadt beherrscht. Der Herbst ist ruhig, die Luft ist klar, und meine Seele ist voller Frieden.[51] Nun besaß sie eine Wohnung in Venedig, wie noch zu Zeiten ihrer leidenschaftlichen Liebe zu Boito ersehnt, aber sie konnte diesen Zufluchtsort kaum nutzen, denn es fehlte ihr an den finanziellen Rücklagen, um nicht mehr spielen zu müssen.

Sie unternahm im Frühjahr 1894 mit der Truppe Cesare Rossis eine Tournee nach London, spielte in der «Kameliendame», in «Cavalleria rusticana», in Goldonis «Locandiera», in Sudermanns «Heimat», auch in einigen älteren französischen Salonstücken trat sie auf, als «Frou-Frou» zum Beispiel. Zu Beginn des Jahres hatte sie mit ähnlichem Repertoire bereits in Wien, Berlin, Dresden und München gastiert. Die Tourneen organisierte José Schurmann, Sarah Bernhardts Impresario, der ihr bereits 1882 seine Dienste angeboten hatte.

Bei ihrem England-Aufenthalt spielte die Duse auch vor Königin Victoria in Windsor Castle; am 18. Mai 1894 entzückte die italienische Schauspielerin die englische Königin mit Goldonis «La Locandiera». (Eine Vorstellung der «Kameliendame», wie die Duse sie wünschte, wurde von der Tochter der Königin als nicht schicklich genug für die Regentin abgelehnt.) Die Goldoni-Komödie über die reizende Wirtin, ihre vielen Verehrer und ihre heimliche Liebe zu ihrem Hausdiener hat Zuschauer und Kritiker immer wieder hingerissen. Daß die Duse auch eine begabte Lustspieldarstellerin war, über enorme komische Talente verfügte, zeigte sich besonders in diesem Stück. Der Kritiker des «Hannoverschen Tagesblattes» schwärmte am 1. Dezember 1894 von der Darstellung der «Mirandolina», von der «zierlichen Behendigkeit», der «graziösen Munterkeit», vom «allerliebsten Mienenspiel», das die Duse hier «von einer ganz neuen Seite» zeigte.

Ähnlich enthusiastisch äußerte sich ein anderer Duse-Verehrer, der allseits gefürchtete Kritiker Alfred Kerr, der dem Charme und dem Können der italienischen Schauspielerin rettungslos erlegen war: «Sie macht Goldonis Wirtin – und vor jeder Bewegung fragt man wieder: warum ist es nicht festzuhalten? Sie lacht und geht und schwatzt und neigt sich und verstellt sich und knickst und ist rasch und spöttisch und schmeichlerisch und von unsterblicher Lustigkeit. Von ihrem Lachen ist man bewegt, von ihrer Lustigkeit ergriffen. Sie äugelt und schlendert – und wendet sich, eh' man's noch glaubt, und ein Arm fährt durch die Luft, und die Taille biegt

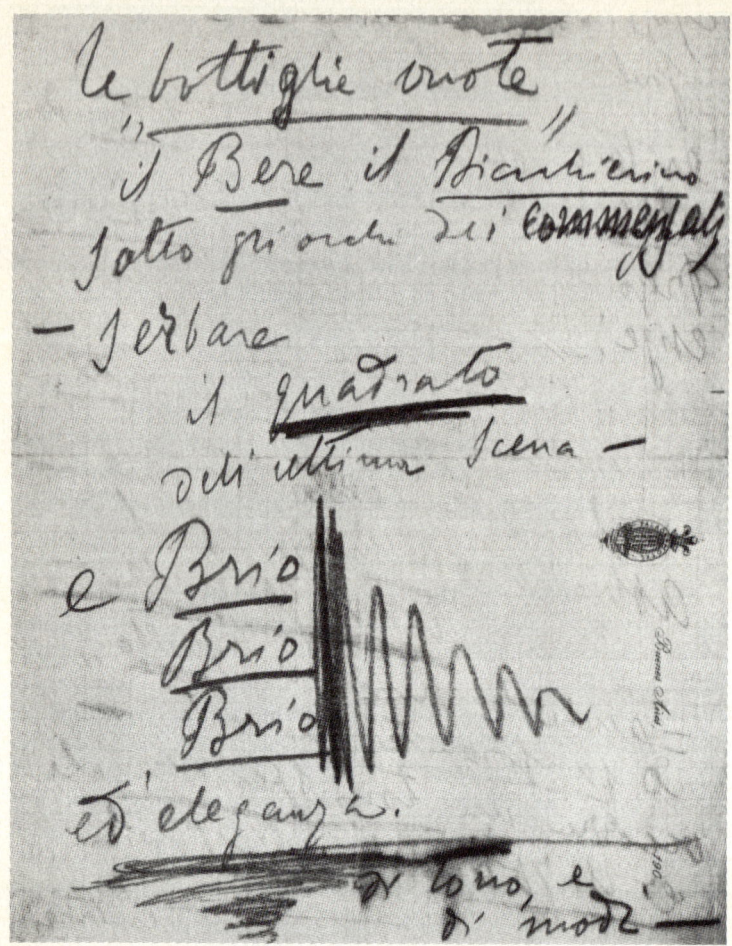

Aus einem Brief von Eleonora Duse an den Schauspieler Luigi Rasi

sich, und ihre Stimme streichelt... der Rock schwebt, die Füße biegen sich, sie liegt in einem Stuhl, sie neckt, sie grüßt, sie dankt, sie eilt, sie plättet, sie zwinkert mit dem Mund, mit dunklen Augen – und alle diese Anmut ist in jedem Augenblick erschütternd. Das war nicht und kommt nie wieder. Nehmt wenigstens einen Kinematographen, rettet euch das Gröbste. Das ist ein Gipfel. Das Wunder der letzten Schönheit des Südens...»[52]

So erfolgreich die Tourneen auch waren, so begeistert die Kritiker, die

Gastspiele stellten für alle Mitglieder der Truppe eine große physische und psychische Belastung dar, und die Duse mußte ihren Kollegen immer wieder gut zureden und sie aufrichten. Am 1. Mai 1894, als die Gesellschaft sich in London aufhielt, schrieb sie an Carlo Rosaspina, den ersten Schauspieler, der die Rolle Flavio Andòs übernommen hatte: *Ich bitte Sie, heute morgen ohne mich proben zu wollen und, wenn möglich, ohne*

das Interesse an der Probe zu verlieren, die Stimmung und die Linie beizu-
behalten, die wir gestern entworfen. Wir werden es dann morgen, wo ich
der Probe werde beiwohnen können, was nur heute nicht möglich ist, leicht
wiederholen. Glauben Sie mir, Herr Rosaspina, ich bin Ihnen dankbar für
Ihre Hilfe, und ich schätze an Ihnen Intelligenz und guten Willen und die
Disziplin (die in der Kunst notwendig ist), die Sie bereitwillig auf sich nah-
men und ohne die wir nie zu einem dauernden Ergebnis kämen. Ich bitte
Sie darum, indes ich erneut Ihnen danke, bis zum Ende der Saison Ihren
guten Willen nicht zu verlieren. Es ist mir lieb, danken zu können, und ich
wünschte, es wäre mir möglich, Ihnen diese kurze Tournee so wenig mühe-
voll und so wenig unangenehm wie nur denkbar zu machen.[53]

Während Eleonora Duse ihren Schauspielern Mut machte, war sie
selbst meist allein mit ihren Sorgen und Befürchtungen, nur wenigen
Freunden konnte sie ihr Herz ausschütten, von ihrer Lebensangst berichten, wie Arrigo Boito am 8. Mai 1894 aus London: *Arrigo fühlt sich be-*
fremdet, weil Lenor so viel Angst vor der Welt hat und sich, wenn sie kann,
mit Vorsicht umgibt. Die Erklärung dafür liegt darin – Du hast weniger als
ich gekämpft, um Dein Brot zu verdienen. Du hast gelebt (ja, vielleicht in
Angst, – armer Arrigo), aber Du hast immer ein Haus gehabt... um Deine
Angst zu verbergen. Und ich habe – aus dieser Angst – Geschäfte machen
müssen, und ich bin eine Frau. Wie viele Sonnenuntergänge habe ich ver-
säumt, weil ich ins Theater gehen mußte.[54]

Die Kritiker, auch sie vorsichtig abgeschirmt vom Leben der Duse,
wußten nichts von diesem Kampf ums Weitermachen, von dieser täg-
lichen Qual. Sie ahnten die Anstrengung, die hinter dieser Kunst stand,
aber sie sahen die Leichtigkeit, die vermeintliche Natürlichkeit, die
enorme Wandlungsfähigkeit – und jubelten: «Wir wissen nicht, wo die
Grenzen ihrer Kunst sein sollten. Nicht in der Individualität: hat sie doch
selbst keine oder jede. Nicht im Alter: Man glaubt ihr die launische Grazie des verzogenen Kindes und die zuckende Leidenschaft der verblühten
Frau. Nicht in der Erscheinung: ich weiß nicht, wie sie aussieht. Die
Worte schön oder häßlich haben für sie keinen Sinn... – Sie hat Gewalt
über Blässe und Röte und über die Regungen des Leibes, die wir die
unbewußten nennen. Ist es ein Wunder, wenn sie Gewalt hat über unsere
erstaunten Sinne...?»[55]

Ihre Kunst war in so hohem Grade Kunst, daß sie als Kunst nicht mehr
erkannt, daß sie als pure Natürlichkeit, als realistische Darstellung par
excellence gefeiert wurde. Nur wenige haben erkannt, wieviel Arbeit hinter der scheinbaren Leichtigkeit steckte, wieviel Überlegung hinter der
sichtbaren Naivität, so etwa George Bernard Shaw: «Die größten Künstlerinnen finden aber bald den Übergang von den Pointen in ein fließendes
Ganzes, auf welcher Stufe die Schauspielerin überhaupt keine Pointen zu

bringen, sondern höchst ‹natürlich› und unstudiert zu spielen scheint. Diesen seltenen Grad der Vollkommenheit hat die Duse erreicht... Jahre geistiger wie körperlicher Arbeit stehen hinter jedem Augenblick. Arbeit und Geist, nicht bloße Praxis und Routine, was etwas ganz anderes ist. Es ist die Seltenheit der gigantischen Energie nötig, um diese Arbeit, die die Duse zu einem solchen Ausnahmefall macht, durchzuführen. Denn die Arbeit ist in ihrem Fall eine höchst intellektuelle Arbeit und erfordert Energie...»[56]

Foscarina (1895–1900)

Begeisterte Zuschauer in jedem Land, enthusiastische Kritiker, Weltruhm und Aussicht auf eine zweite Amerika-Tournee – das alles besaß die Duse, als sie sich 1895 in Gabriele D'Annunzio verliebte. Der fünf Jahre jüngere Schriftsteller, der bis dahin mit einigen Gedichten und zwei Romanen («L'innocente», «Trionfo della morte») an die Öffentlichkeit getreten war, arbeitete in Rom als Journalist. Dort hatte er sicherlich einige der Vorstellungen Eleonora Duses in früheren Jahren besucht, man hatte sich auch gesehen und gesprochen, aber die entscheidende Begegnung zwischen der Schauspielerin und dem Dichter fand Ende September 1895 in Venedig statt. Die Duse lebte zwischen ihren zahlreichen Tourneen immer wieder für einige Wochen in ihrer kleinen Wohnung im Palazzo Wolkoff, D'Annunzio hatte im «Daniele», einem der führenden Hotels der Stadt, Quartier bezogen. Denn trotz seiner ständigen Schulden liebte es D'Annunzio, auf großem Fuß zu leben. Er war recht bekannt in Venedig, hatte auch dort einige Anhänger, doch die meisten Zeitgenossen interessierten sich lediglich für sein skandalumwittertes Leben, für seine amourösen Abenteuer. Mit knapp zwanzig Jahren hatte er 1883 die ein Jahr jüngere Herzogin Maria Hardouin di Gallese entführt, die von ihm ein Kind erwartete. Die Familie der jungen Frau erlaubte nach diesem Skandal die Heirat. Das Paar hatte drei gemeinsame Söhne, trennte sich aber bereits 1887 wieder, ließ sich allerdings niemals scheiden. Im Herbst 1895, am Beginn seiner leidenschaftlichen Affäre mit Eleonora Duse, lebte Gabriele D'Annunzio mit der Prinzessin Maria Gravina Cruyllas di Ramacca aus Neapel zusammen. Sie hatte ihren Mann und ihre Kinder verlassen, um dem Dichter zu folgen; die gemeinsame Tochter Renata, genannt Cicciuzza, war D'Annunzios Lieblingskind. Maria Gravina neigte zu Eifersucht und hysterischen Szenen, Gabriele D'Annunzio hatte sich schon innerlich von der anstrengenden Geliebten gelöst, als er Eleonora Duse 1895 wiederbegegnete und am 26. September in sein Tagebuch von heiliger Liebe und heiligem Schmerz schrieb.

Es gibt etliche Legenden über den Beginn der Liebe zwischen D'Annunzio und Eleonora Duse. So sollen sie sich etwa nach einer nächtlichen

Gondelfahrt Eleonora Duses in den menschenleeren Gassen der Stadt getroffen haben. Doch Genaueres ist nicht mehr zu ermitteln.

Sicherlich war der Dichter fasziniert von der berühmten Schauspielerin und mag wohl auch damals schon daran gedacht haben, für sie Stücke zu schreiben – wie viele Autoren. Und Eleonora Duse, die D'Annunzios Gedichte und Romane kannte, die immer unzufriedener wurde mit den alten französischen Salonstücken, die das Publikum so sehr liebte, hoffte bald auf eine Zusammenarbeit mit dem jungen Schriftsteller. Zunächst jedoch mußten die beiden Liebenden sich trennen. Ende 1895 gastierte die Duse in Wien, wo sie Sudermanns «Heimat» spielte, und sie gab einige Vorstellungen in Skandinavien.

Nach einem kurzen Wiedersehen mit D'Annunzio im Januar 1896 begab sich die Duse auf ihre zweite Amerika-Tournee. Sie hatte ihr Repertoire, dessen sie überdrüssig geworden war, zusammengestrichen und beschränkte sich auf «Cavalleria rusticana», «La Locandiera», «Heimat» und die unvermeidliche «Kameliendame», nach der das Publikum immer wieder stürmisch verlangte.

Zur gleichen Zeit wie Eleonora Duse gastierte auch Sarah Bernhardt in New York und trat auch als «Kameliendame» und als Magda in «Heimat» auf. Während das Publikum sich mehr und mehr der Duse zuwandte – ihre Einnahmen waren entschieden höher als die der Bernhardt –, zeigten sich die Kritiker noch schwankend, unentschieden. Doch der Kritiker der bedeutenden Zeitschrift «Dramatic Mirror» gestand der Duse eine weitaus größere Kraft, nämlich die «Kraft der Wahrheit» zu, während er bei Sarah Bernhardt lediglich die Fähigkeit zum Theatralischen konstatierte.

Nach einigen weiteren Auftritten in Boston, Philadelphia, Washington trat die Duse im Mai 1896 die Heimreise an. In der Zwischenzeit hatte D'Annunzio begonnen, sein erstes Drama zu schreiben: «La città morta» («Die tote Stadt»), das er für die Uraufführung – hinter dem Rücken der Duse – Sarah Bernhardt anbot, weil er glaubte, in Frankreich eine größere ‹Gemeinde› als in Italien zu haben. Der Duse gestand er lediglich die Exklusivrechte an dem Drama für Italien zu. Durch sein Doppelspiel verzögerte sich die Premiere unnötig lang: die Bernhardt fand erst im Januar 1898 Zeit, «La città morta» aufzuführen, und die Duse spielte die Protagonistin, die blinde Anna – eine der Rollen, die D'Annunzio ihr ‹auf den Leib› geschrieben hatte – ab 1901.

Das Stück spielt auf den archäologischen Grabungsfeldern Mykenes. Dort entwickelt sich ein leidenschaftliches und tragisches Geschehen. Der Dichter Alessandro – einer der bei D'Annunzio so beliebten «Übermenschen», jenseits von Gut und Böse – verliebt sich in das Mädchen Bianca Maria, obwohl er mit Anna, die erblindet ist, verheiratet ist.

Gabriele D'Annunzio

Bianca Maria wird allerdings auch von ihrem Bruder geliebt. Aus Furcht
vor seiner inzestuösen Neigung ertränkt dieser dann seine Schwester. Innerhalb dieser Gruppe von leidenschaftlich getriebenen Menschen ist
Anna die einzig Sehende und Verstehende. Der Stil und die Sprache dieses Dramas sind bereits symptomatisch für alle folgenden Dramen D'Annunzios: ein großer Teil der Handlung vollzieht sich hinter den Kulissen,
die verschiedenen Auftritte dienen den großen Gesten, den pathetischen
Monologen, der Darbietung der lyrischen Sprache.

Die Stücke D'Annunzios sind im eigentlichen Sinne nicht bühnenwirk-
sam, und seine zum Teil bombastisch-überladene Sprache verträgt keine

Handlung. Allein eine Schauspielerin wie Eleonora Duse, die stets die weibliche Hauptfigur verkörperte, vermochte beim Publikum Aufmerksamkeit und Interesse zu erwecken. Außerdem sorgte die Duse bei «La città morta» wie auch bei den folgenden Dramen für eine exquisite Ausstattung und prachtvolle Kostüme. Sie opferte ihr Vermögen, um die Stücke D'Annunzios so zu präsentieren, wie er es wünschte. So ließ sie sich aus dem Brera-Museum in Mailand antike Überreste kommen und Abgüsse herstellen, um möglichst realistisch die Grabungsfelder bei Mykene vor Augen zu führen. Die Kostüme wurden aus kostbaren Samt-

Die Duse in Venedig

Als Anna...

und Brokatstoffen genäht, oft golddurchwirkt und mit Edelsteinen bestickt. Häufig wurde auf der Bühne wertvoller, echter Schmuck getragen.

Eleonora Duse glaubte, mit Hilfe D'Annunzios nicht nur ihr abgelebtes Repertoire erneuern zu können, sie wollte auch, gemeinsam mit ihm, das italienische Theater reformieren, zu einer wahren Kunstform erheben – ein «Gesamtkunstwerk» im Sinne Wagners schwebte ihr und D'Annunzio vor.

Die Schauspielerin und der Dichter planten, in der Nähe von Rom, in Albano, ein Festspielhaus zu errichten, in dem die Duse nur in Stücken D'Annunzios, die dieser eigens für sie schrieb, auftreten sollte. Die Begeisterung und das unglaubliche Engagement der Duse für D'Annunzios

... in «Die tote Stadt»

Paris, um 1900

Werke lassen sich nicht allein mit ihrer Liebe zu dem Dichter erklären, sondern wohl vielmehr aus ihrem unendlichen Überdruß, seit Jahren immer das gleiche zu spielen, stets ein Sklave des Publikums und dessen konservativen Geschmacks zu sein.

Was sie von D'Annunzio erwartete, welche Befreiung ihrer Kunst sie von seinen Stücken erhoffte, hat die Duse in vielen Briefen an Arrigo Boito zu erklären versucht. Obwohl man seit Jahren nur noch freundschaftlich miteinander verkehrte, zeigte sich Boito durch Eleonoras Hinwendung zu D'Annunzio, dessen Werke er ablehnte, tief verletzt. Die

Duse wollte ihm nicht weh tun und bemühte sich, ihm begreiflich zu machen, was der Dichter für ihr Schaffen bedeuten könne. So schrieb sie Boito am 9. April 1897: *Ich habe Dich jede Stunde in diesen letzten Tagen vor mir gesehen, und nach soviel Liebe zwischen uns, nach den Schmerzen, nach dem gelebten Leben, kommt es mir jetzt so vor, als ob ich Dich ... wiedergefunden hätte – am Ende meiner Straße. Am Ende meines Lebens. Was tät ich ohne Dich? – Welche Angst werde ich haben, jetzt am Endpunkt meiner Karriere, wenn Du das großartige Werk ablehnen müßtest.*[57] Und zwei Tage später bat sie erneut um Verständnis: *Oh! Arrigo –*

Sarah Bernhardt

Ich habe Angst, meine Arbeit mit der ewigen Dame aux camelias wieder aufzunehmen – es ist noch derselbe Mund, aber er weigert sich, diese Sätze zu sagen! Die Langeweile, die Langeweile ist für die Künstlerin tödlicher als jede andere Gefahr!... ich weiß, welch ein Tod meine Arbeit ist, wenn die Seele nicht betrunken von einer Sache ist.[58] Trotz aller Bemühungen Eleonora Duses kam es dennoch zwischen ihr und Boito zu einer tiefen Entfremdung. Erst nachdem die Liebe zwischen der Duse und D'Annunzio zerbrochen war, näherte sich die Schauspielerin wieder ihrem alten Freund.

1897 erhielt die Duse eine Einladung Sarah Bernhardts zu einem Gastspiel in Paris. Sie zögerte, sie hatte Angst, denn in der französischen Hauptstadt, dem Ort der größten Triumphe ihrer Rivalin, war sie noch nie aufgetreten. Als ihr Agent sie immer mehr bedrängte, stellte sie die Bedingung, daß Gabriele D'Annunzio allein für sie ein neues Stück schreiben müsse, das sie dann in Paris zur Uraufführung brächte. Gabriele D'Annunzio, der enttäuscht war, weil die Bernhardt noch immer nicht das ihr gewidmete Drama «La città morta» spielte, willigte ein und schrieb für Eleonora «Il sogno d'un mattino di primavera» («Der Traum eines Frühlingsmorgens»), das die Duse am 15. Juni 1897 mit großem Erfolg in Paris zur Aufführung brachte.

Auch dieses Drama zeigte sich äußerst handlungsarm, die entscheidenden Ereignisse fanden bereits Jahre vorher statt, und an sie wird nur erinnert: In einer Villa in der Toskana lebt eine geistesgestörte junge Frau in der Obhut ihrer Schwester, umsorgt von wenigen treuen Dienstboten. Vor etlichen Jahren hatte die Irre nachts heimlich ihren Geliebten empfangen. Während des Liebesakts wird er erstochen, bis zum Morgen liegt sie unter ihm, und ihr Nachthemd saugt sich mit seinem Blut voll. Als das Liebespaar in den frühen Morgenstunden gefunden wird, ist das Mädchen wahnsinnig geworden.

Diese grauenerregende Geschichte fand allerdings lediglich den Beifall der Pariser Zuschauer, später in Venedig, Mailand und Rom verhielt sich das Publikum reserviert bis ablehnend, obwohl das Spiel der Duse gelobt wurde. Wenige Tage vor der Premiere in Rom am 11. Januar 1898 hatte die Duse in einem Interview noch einmal ausdrücklich darauf hingewiesen, daß sie dringend neue Stücke benötigte: *Ich fühle, wie etwas in mir stirbt und etwas anderes lebendig werden will. Ich spüre den falschen, vergänglichen – ja bereits vergangenen – Zug in all den Stücken, in denen ich bis jetzt aufgetreten bin, doch gleichzeitig verspüre ich auch den noch vagen Wunsch, ein noch unbestimmtes Sehnen nach einer Kunstform, die tiefer und dichter meiner heutigen Auffassung entspricht.*[59]

Für die künstlerischen Hoffnungen, die Eleonora Duse mit den Werken d'Annunzios verband, zeigte das römische Publikum dann sehr wenig

Eleonora Duse

Verständnis. Während der Aufführung im Teatro Valle kam es wohl nur zu keinem Skandal, weil Mitglieder des Königshauses anwesend waren. Nach «Il sogno d'un mattino di primavera» spielte die Duse in Goldonis «Locandiera», und am Ende des Abends riefen die Zuschauer «Viva Goldoni» und «Viva Duse», Gabriele D'Annunzio durch Nichtbeachtung strafend.

In Paris dagegen hatte das Drama D'Annunzios der Duse zum Durchbruch verholfen, denn ihre Eröffnungsvorstellung im Mai 1897 als «Kameliendame» wurde schlecht aufgenommen, das Pariser Publikum war bei der Rolle zu sehr an die Art der Darbietung Sarah Bernhardts gewöhnt. «Magda» in Sudermanns «Heimat» und «Cesarine» in Dumas' «La Femme de Claude» («Die Frau des Claudius») gefielen schon besser – die Entscheidung zum Erfolg fiel dann endgültig mit D'Annunzio. Es war ein Risiko für die Duse gewesen, in Paris aufzutreten, den direkten Vergleich mit der Bernhardt, den sie bisher nur auf neutralem Boden provoziert hatte, in der Stadt zu suchen, die der französischen Diva seit Jahrzehnten zu Füßen lag. Soweit es ihr bei einem solch vorgeprägten Publikum und solch voreingenommenen Kritikern gelingen konnte, hatte die Duse überzeugt. Das stellte für sie eine große persönliche Genugtuung dar.

In anderen Ländern und anderen Städten hatte die Duse ihre alte Rivalin schon längst besiegt. So schrieb der Rezensent des «Berliner Tageblattes» am 27. November 1896 anläßlich des Auftretens der Duse als «Kameliendame»: «Sarah Bernhardt gibt mit raffinierter Meisterschaft die verliebte Kokotte; die Duse macht sich den Grundfehler des Dichters zu Nutze, der aus der Dirne ein sentimentales Frauenideal gemacht hat, und spielt einfach ein liebendes Weib, das Weib an sich. Sie spielt es mit ihrer vollendeten Kunst und mit all dem Zauber, der von ihren durchgeistigten Zügen ausgeht.»[60] Der fanatische Duse-Verehrer Alfred Kerr deckte schonungslos die Manieriertheit, das bloße Virtuosentum der Bernhardt auf und spottete: «Aber niemand vergißt für eine halbe Minute das glänzend Zurechtgelegte des Spiels. Die Frau ist gefallsüchtig bis in die Fingerspitzen, spielerisch bis ins Gekröse. Sie mit der Duse vergleichen zu wollen, – ach Gott ... Ich fühlte, als ich sie zum erstenmal in Frankreich sah: sie kann nie echt gewesen sein ... Sie weint nicht wirklich um einen erlittenen Schmerz ... Sie gab nur Gebärden der Hingebung, des Schmollens, der Besorgnis – (wo bei der Duse ein Liebeblick Welten heraufdämmern läßt ...) Bei der Duse hört man die Ewigkeit rauschen, bei der Bernhardt die Kulissen wackeln.»[61]

Auch Hugo von Hofmannsthal unterschied zwischen der «Künstlerin» Duse und der «Virtuosin» Bernhardt, die ganz besonders befähigt war, das Nervöse, leicht Hysterische, Dekadente auf die Bühne zu stellen, sich letztlich aber immer nur selbst spielte, während die Duse sich in ihre Figuren hineinfühlte, die dargestellten Rollen nicht nur spielte, sondern verkörperte.[62]

George Bernard Shaw, der, als er im Juni 1895 die Duse zum erstenmal in London auf der Bühne erlebte, ohne Einschränkung von der besten

*Im Garten der Villa Capponcina, fotografiert von D'Annunzio,
dessen Schatten unten zu sehen ist*

modernen Schauspielkunst sprach, die er jemals erlebt hatte[63], gab in seinem Vergleich der beiden Schauspielerinnen die Bernhardt der Lächerlichkeit preis: «Sarah Bernhardt besitzt den Zauber einer noch frischen, aber etwas verwöhnten und mutwilligen Reife, dafür hat sie aber stets ein die Wolken durchbrechendes Sonnenscheinlächeln zur Hand, sobald man nur genug Wesens aus ihr macht... und ihr Teint zeigt, daß sie die moderne Kunst nicht vergeblich studiert hat. Jene reizvollen, rosigen Wirkungen, die französische Maler hervorrufen, indem sie dem Fleische die hübsche Farbe von Erdbeeren mit Schlagsahne geben und die Schatten blaß und hochrot malen, werden von Sarah Bernhardt am eigenen Bilde geschickt verwendet... Das Kostüm, der Titel des Stückes, die Reihenfolge der Worte mag verschieden sein – die Frau bleibt immer dieselbe. Sie dringt nicht in den Charakter ein, den sie darstellt, sie setzt sich an seine Stelle. Und gerade das alles tut die Duse nicht, der jede Rolle zu einer eigenen Schöpfung wird.»[64] Shaw zeigte sich so beeindruckt von der Kunst der Duse, daß er bekannte: «Die Duse hat mich in dem oft wankenden Glauben bestärkt, daß ein Schauspielkritiker tatsächlich Diener einer hohen Kunst und nicht nur ein Ausrufer fragwürdiger Vergnügungen ist.»[65]

Die Duse diente in den Jahren von 1897 bis 1904 mit ihrer Kunst fast ausschließlich D'Annunzio und der Verbreitung seiner Dramen – sie lebte für ihre Liebe.

Ihr Apartment in Venedig hatte Eleonora Duse aufgegeben und sich im Juli 1897 in Settignano bei Florenz ein kleines Gartenhaus gemietet, das sie nach dem Kloster des Franz von Assisi La Porziuncola nannte. Gabriele D'Annunzio folgte bald und bezog Quartier – auf der anderen Seite der Straße – in der prächtigen Villa La Capponcina. Während die Duse ihre Räume nur weißen ließ und mit Büchern, wenigen Bildern und Möbeln einrichtete, umgab sich der Dichter mit edlen Stoffen, seltenen Kunstgegenständen, brachte seine Pferde und seine Windhunde mit.

Die Duse hoffte auf ruhige Wochen und Monate voller Liebe und Arbeit an neuen Dramen und Rollen, ihr kleines Haus entzückte sie: *Ich habe in Florenz ein altes Haus unter Oliven gemietet, ein altes, ziemlich einfaches, aber nicht ärmliches Haus, das recht verborgen und doch nicht zu weit ab liegt. Man erreicht es durch eine kleine Straße, und die Pforte versteckt sich fast wie bei einem Kloster unter Jasminbüschen... Überall sind Rosen, und ein Kübel mit Orangenblüten steht dem Fenster meines Zimmers gegenüber. Friede. Hier könnte der Friede einziehen.*[66]

Die vielen Tourneeverpflichtungen führten die Duse immer wieder aus ihrem stillen Refugium fort. Bei all ihren Gastspielreisen des Jahres 1898, ob in Frankreich, Portugal oder Ägypten, brachte die Duse neben den

Lieblingsrollen des Publikums («Kameliendame», Goldonis Wirtin, Vergas «Santuzza») immer wieder D'Annunzios «Sogno» auf die Bühne, und immer wieder wurde sie enttäuscht.

Einem der engsten Freunde D'Annunzios, dem Schriftsteller und Zeitungsherausgeber Adolfo De Bosis, gestand sie, daß ihr missionarischer Eifer, D'Annunzio dem breiten Publikum als einzig wahren Dramatiker vorzustellen, wenig Gegenliebe hervorrief: *Ich leide Tod und Martern! Man schwimmt hier zwischen Erhabenheit und Komödienspielerei. Zwei Aufführungen in der Provinz haben genügt, um mir augenfällig zu machen, wie erniedrigend, abgründig, dumm, ungewiß und ohne Größe diese gemeinen Tourneen sind, die sich auf dem Gewinn aufbauen. Und man kommt nicht darum herum! «Entweder Primadonna spielen oder Apostel sein…» Und… nachts mit offenen Augen liegen, wenn der Tag nie mehr anbrechen und mich von meinen fixen Ideen erlösen will, und was dann? Ich allein weiß… daß Primadonna spielen Gift für mich ist – und Apostel zu sein auch eine Sinnlosigkeit bedeutet!… In fünf, zehn Jahren wird sein Werk für die Menge bereit sein… Aber du, arme Duse… wirst wohl hoffentlich ein Grashalm sein! und inzwischen! Alles quält mich hier. Ach! könnte ich doch alles zerbrechen und in Frieden meines Weges gehen.*[67]

Trotz der Mißerfolge und Rückschläge, die sie häufig in depressive Stimmungen versetzten, wo ihr der eigene Ruhm lediglich wie eine *Fratze aus Papiermaché*[68] erschien, baute die Duse weiterhin hartnäckig auf D'Annunzio und sein Werk. Immer wieder ‹predigte› sie geradezu von ihrem Glauben an das neue italienische Theater, das durch ihren geliebten Dichter entstehen sollte.

Auch die Mitglieder ihrer Schauspieltruppe suchte sie zu überzeugen; es war noch nie leicht gewesen, alle Mitspieler zu Höchstleistungen anzuspornen, wieviel schwerer mußte es der Duse erst bei den Dramen D'Annunzios fallen, die vielen Akteuren sprachlich zu schwierig, zu handlungsarm erschienen und die sie deshalb ablehnten. Dies führte häufig dazu, daß lediglich Eleonora Duse auf der Bühne für D'Annunzio kämpfte, Mitspieler und Publikum das Drama lustlos verfolgten und nur ihr Spiel anerkannten, den Dichter weiterhin ablehnten.

Die zum Teil literarisch anspruchslosen französischen Salonstücke hatten dem Startheater Vorschub geleistet und waren wohl gerade wegen ihrer Paraderollen beim Publikum so sehr beliebt, auch wenn das Ensemblespiel, auf das die Duse als Leiterin ihrer Truppe großen Wert legte, nicht gelang: «Als Mensch und als Künstlerin widmete sich die Duse um der Kunst und um der Kollegen willen auch mit bewußter Pflege ihrem Ensemble. Aber ihre Regie fruchtete selten viel. Man sah stets elende Kulissen und meist schlechte Mitspieler – und hatte am Ende alles vergessen, nur sie, die eine behalten.»[69]

Die Duse, um 1902

Als Silvia in «La Gioconda»

Die Duse (2. v. l.) mit Matilde Serao und Graf Primoli (mit Fahrrad)

Starrollen wie das alte Repertoire der Duse boten die Stücke D'Annunzios nicht, auch wenn sie auf Eleonora Duse zugeschnitten waren. Der Dichter schrieb keine Rollen für die Schauspielerin, sondern erwartete, überzeugt von der sprachlichen Qualität seiner Stücke, daß die Mimin seine Verse lebendig machte, sein «Gedicht» möglichst perfekt rezitierte. An dieser Aufgabe mußte jeder Schauspieler scheitern, denn sie widersprach seinem Beruf, seiner Kunst, an dieser Aufgabe ist auch die Duse –

trotz des zeitweiligen Erfolgs mit D'Annunzio-Stücken – gescheitert. Die Dramen Gabriele D'Annunzios gehören nicht auf die Bühne, sie beschränken die Schauspielkunst. Der italienische Dramatiker und spätere Nobelpreisträger Luigi Pirandello erkannte die Unvereinbarkeit der Kunst D'Annunzios und der Duse. Er klagte: «Die Duse fand in D'Annunzios Dramen eine Form, die von künstlerischen Gesichtspunkten aus betrachtet bereits vollendet war und auf die man immerwährend Rücksicht nehmen mußte. Das war eine verhängnisvolle Beschränkung ihrer Kunst, die so spontan und genial ist. D'Annunzio gab ihr eine Reihe wunderbarer eleganter literarischer Masken zu spielen, zu denen sie nicht ein einziges Detail hinzufügen durfte und denen sie sich anpassen mußte, wie eine edle Metallmischung sich in die Form gießen läßt, um als Statue eine unveränderliche Haltung einzunehmen. Eine Haltung, welche zumindest in diesem Falle dem eigentlichen Talent der Duse sehr fern stand. Und darin gab es hinter diesen Masken von D'Annunzio keines dieser wirklichen grundlegenden menschlichen Elemente, die die Duse sogar in den schlechten Stücken ihres alten Repertoires fand, kein Samenkorn, das sie zum Keimen bringen durfte, kein formloses Gewirr, das sie lösen und in die vollkommene Form schließen konnte.»[70]

Aber während Pirandello behauptete, «niemals in einem Theater so gelitten» zu haben «wie bei der der ersten Aufführung von D'Annunzios ‹Francesca da Rimini›»[71] und glaubte, die Duse sei «auf dem Höhepunkt ihrer Entwicklung» durch D'Annunzio «von den wirklich großen dramatischen Momenten, die ihre Zeit ihr bot, abgelenkt»[72] worden, zum Beispiel von Ibsen, notierte Alfred Kerr verzückt: «Die Duse hat gestern in der ‹Gioconda› gespielt. In die Knie möchte man sinken. Sie wird von hinnen gehen. Es muß sein. Die Erde trägt solche Gestalten nicht lang.»[73] Doch Kerr spricht bezeichnenderweise in seiner Kritik nur von der Duse, nicht von D'Annunzio.

Bei einem gemeinsamen Urlaub mit Eleonora, im März 1899 auf Korfu, hatte Gabriele D'Annunzio sein zweites Stück für sie geschrieben: «La Gioconda». Während einer Sizilien-Tournee fand am 15. April 1899 die Uraufführung im Teatro Bellini in Palermo statt – sie glich einer Katastrophe, nur die Duse erhielt Applaus.

Das Drama ist den schönen Händen Eleonoras gewidmet, ihren Händen, die schmal, beredt waren und mit ihren weichen, sanften, auch nervösen Bewegungen die Zuschauer entzückten. Die Schriftstellerin Helene von Nostitz, die Eleonora in Venedig kennenlernte, berichtete über den tiefen Eindruck, den diese Hände auf sie gemacht hatten: «Warum werde ich diese Hände nicht vergessen? Hände, die immer zum Greifen des Unsichtbaren bereit waren? Und doch hatten sie gelitten, diese Hände, in herber Berührung mit der Wirklichkeit. Aber abwehrende

Hände waren es, in denen jeder Nerv zuckte und die Bewegungen der feinen, spitzen Finger formte. Sie waren nicht zum begrüßenden Händedruck bereit, sie wollten für sich sein und nur in den seltenen, höchsten Stunden leise berührt werden. Doch schon zuckten sie wieder wie sensitive Pflanzen, um sich leise in ihr Eigenleben zurückzuziehen.»[74] Mit diesen wunderschönen Händen durfte die Duse im ganzen letzten Akt der «Gioconda» nicht agieren, sie mußte sie in den weiten Ärmeln ihres Gewands verstecken. Denn im Verlauf des Stücks waren die Hände Giocondas, der Frau eines Bildhauers, von einer herabstürzenden Statue zerschmettert worden. Es fällt schwer, zu glauben, daß die sadistische Komponente in D'Annunzios Schauspiel zufällig sein soll. Vielmehr wirkt es so, als habe er die Duse eines ihrer stärksten Ausdrucksmittel berauben wollen, um die Zuschauer zu zwingen, sich nicht auf die Diva, sondern auf seine Verse zu konzentrieren. Teile des Publikums durchschauten die Absicht und waren empört. Eleonora Duses Freunde versuchten, sie von D'Annunzio zu trennen, um sie als Künstlerin zu retten. Ihre älteste Freundin, Matilde Serao, soll ihr offen gesagt haben: «Wenn du ihm Geld geben willst, dann führe Dumas auf. Aber mische nicht deine Liebe mit deiner Kunst; spiele diese Stücke nicht, sie fügen dir wirtschaftlichen und künstlerischen Schaden zu.»[75]

Als dann am 5. März 1900 D'Annunzios Roman «Il fuoco» («Feuer») erschien, begriff kaum einer der guten Freunde Eleonora Duses, daß sie die Erlaubnis zum Druck gegeben hatte. Ende 1899 hatten sie das Buch gelesen, in dem sie hemmungslos als alternde, reizlos werdende Geliebte des gefeierten Dichterjünglings Stelio Effrena (ein kaum verhülltes Selbstporträt D'Annunzios) dargestellt wird. Foscarina, so wird die Duse im Roman genannt, verzehrt sich bis zur Selbstaufgabe in Leidenschaft für Stelio Effrena. Sie verzichtet unter Qualen auf ihn, als sie befürchten muß, daß die Liebe ihn seinen Aufgaben als Künstler entziehen könnte. «Und wenn sie unter der unlauteren Brunst des Liebenden grausam gelitten hatte, waren die Qualen jetzt nicht noch wilder, da sie fühlte, daß die Glut sich gelegt hatte, daß an ihre Stelle bei dem Freund eine gewisse Zurückhaltung und zuweilen fast eine Abneigung selbst gegen die zartesten Liebkosungen getreten war? Sie schämte sich, daß sie Kummer darüber empfand, als sie ihn nur von den Gedanken beherrscht sah und alle seine Willenskräfte nur auf die geistige Anstrengung konzentriert.»[76] Ihr bleibt das Werk des Dichters, das sie darstellen darf, zu dem sie ihn inspiriert hat. Das Drama, dessen Entstehungsgeschichte im Roman ausgebreitet wird, ist unverkennbar «La città morta».

Der Roman, der auch D'Annunzios Wagner-Verehrung und seine Vorliebe für das dekadente, herbstliche Venedig thematisiert, gilt, gerade in seiner oft übersteigerten Sprache, als eines der wichtigsten Werke des Fin de siècle. In dem kaum verhüllten Selbstporträt des Dichters und Komponisten Stelio Effrena feiert D'Annunzio den skrupellosen Künstler als Übermenschen, der alles seiner Kunst, seinem Schöpfungsrausch unterordnet. Die eigentliche Handlung des Romans – die Entwicklung der leidenschaftlichen Liebe zwischen Effrena und der Foscarina – geht häufig unter in langen kunsttheoretischen Passagen mit teilweise forciert lyrischer Sprache. Das übersteigerte Pathos, das weitgehend in dem Roman herrscht, macht ihn für den heutigen Leser oft schwer erträglich. Lediglich die melancholisch-poetische Beschreibung der dekadenten Stadt Venedig überzeugt. Die Zeitgenossen lasen ihn in erster Linie als Schlüsselroman mit voyeuristischem Interesse, um Intimes über die Schauspielerin und den Dichter zu erfahren.

Als Francesca da Rimini

José Schurmann, ihr Impresario, hatte Eleonora Duse angefleht, dafür zu sorgen, daß der Roman nicht erscheinen könne. Sie antwortete ihm: *...ich kenne den Roman und habe seine Drucklegung gestattet, denn mein Leiden, wie immer es sei, zählt nicht, wenn es sich darum handelt, der italienischen Literatur ein neues Meisterwerk zu bescheren. Überdies, ich bin vierzig Jahre alt... und ich liebe!*[77] Der Skandal, den «Feuer» hervorrief, beschleunigte den Verkauf des Buchs, bald schon folgten französische und englische Ausgaben. Arthur Symons, der englische Übersetzer, schrieb an die Duse, weil er das Buch nicht veröffentlicht sehen wollte, um ihr kein Leid zuzufügen. Doch auch ihm antwortete sie: *Veröffentlichen Sie den Roman, ein Kunstwerk ist mehr wert als das Leiden eines menschlichen Wesens.*[78] Nur wenigen Menschen vertraute die Duse ihren Kummer an; *wer kann da trösten?*[79], fragte sie Liliana und Adolfo De Bosis.

Dem Gerede in Italien konnte sie entfliehen, indem sie auf Tournee ging. Von März bis Dezember finden wir sie im Jahre 1900 unterwegs; sie gab Gastspiele in München, Frankfurt, Berlin, Wien, London, Genf, Luzern, Mainz, Wiesbaden, Lissabon und Madrid. Sie reiste mit einer fremden Truppe; die Zusammenarbeit gestaltete sich zeitweise sehr problematisch. Immer wieder mußte die Duse die anderen Schauspieler zu mehr Disziplin, zu mehr Sorgfalt mahnen: *Es bereitet mir große Pein, einem so guten und aufrichtigen Gefährten, wie Du es bist, Schmerz zu bereiten, aber ich bitte Dich, in der Stunde der Arbeit Deine ganze Aufmerksamkeit zusammenzuraffen und mich nicht zu so wenig freundlichen Erörterungen zu zwingen, zu denen Deine unbegreifliche Unaufmerksamkeit, die Uninteressiertheit an Deiner Rolle mich von Zeit zu Zeit zwingt. Ich bin die erste, die bereit ist, Deinen Wert anzuerkennen – und gerade deswegen schwindet mir von Zeit zu Zeit die Geduld, wenn ich feststellen muß, daß Dein Versagen nicht aus Unzulänglichkeit kommt (denn das ist nicht der Fall), sondern einfach aus unleidlich bösem Willen.*[80]

Viele der Schwierigkeiten der Truppe gingen darauf zurück, daß die Duse darauf bestand, wie häufig in den Jahren bis 1904, die Werke D'Annunzios zu spielen, die, ungeeignet für das Theater, von mittelmäßigen Akteuren, ohne Duses Genie und ohne ihre Überzeugung, kaum ‹gespielt› werden konnten. Die meisten Zuschauer ertrugen ohnehin «La Gioconda» und «Die tote Stadt» nur um der Duse willen.

Ihre Schauspielkunst ließ sogar zeitweise vergessen, daß die Schauspiele kaum dramatische Qualität aufwiesen. Was Hugo von Hofmannsthal 1892 über die Fähigkeiten der Duse – angesichts ihres Agierens in den französischen Salonstücken – gesagt hatte, galt auch für ihre Auftritte in den Stücken ihres Geliebten: «Die Duse spielt nicht sich, sie spielt die Gestalt des Dichters. Und wo der Dichter erlahmt und sie im Stich läßt, spielt sie seine Puppe als ein lebendiges Wesen, in dem Geiste, den er

Die Duse zur Zeit ihrer Liebe zu D'Annunzio

nicht gehabt hat, mit der letzten Deutlichkeit des Ausdrucks, die er nicht gefunden hat, mit einheitlich schaffender Gewalt und der Gabe der intuitiven Psychologie. Ein Wiener Kritiker hat das hübsche Wort gefunden: ‹Sie spielt, was zwischen dem Text ist.› Sie spielt die Übergänge; sie füllt die Lücken der Motivierung aus; sie rekonstruiert im Drama den psychologischen Roman.»[81]

Der Kampf mit den Schauspielern, das Ringen mit dem Publikum um die Anerkennung der Werke D'Annunzios erschöpften Eleonora Duse. Gabriele D'Annunzios Roman beschämte sie und hatte sie enttäuscht. Sie mußte sich nach dem Erscheinen von «Feuer» eingestehen, daß sich der Geliebte von ihr entfernte, daß er sie benutzt hatte als Inspiration, als Darstellerin, daß sie bald nicht mehr gebraucht werden würde. Sie fühlte sich krank, elend, alt, litt wieder unter Depressionen, die sich bis zum Todeswunsch steigerten, wie sie in einem Interview, das sie zu Beginn des Jahres 1900 der «Neuen Freien Presse» in Wien gab, bekannte: *Die beste Lösung aller Lebensrätsel ist ein früher Tod. Die beste. Eine Frau sollte nicht alt werden, und eine Schauspielerin ihren Abgang nicht versäumen.*[82]

Immer unterwegs (1901–09)

Am 20. März 1901 konnte Eleonora Duse im Teatro Lirico in Mailand endlich die italienische Uraufführung von «La città morta» mit Erfolg absolvieren. Auch in anderen italienischen Städten wurde das Stück freundlich aufgenommen, in Venedig, einer der Hochburgen D'Annunzios, wurde die Vorstellung zu einem Triumph.

Doch mit dem nächsten Drama, das Gabriele D'Annunzio für die Duse schrieb, das letzte seiner Stücke, das sie als erste auf die Bühne bringen sollte, begannen erneut die altbekannten Schwierigkeiten. Die Uraufführung von «Francesca da Rimini» am 10. Dezember 1901 im römischen Teatro Costanzi wurde von Pfiffen und Buh-Rufen begleitet. Mehr als 400 000 Lire hatte die Duse für das Bühnenbild, die Kostüme und als Probengeld ausgegeben, dennoch gab es am Premierenabend viele technische Mängel und unsichere Schauspieler.

Erst nachdem Eleonora Duse zusammen mit D'Annunzio das Drama um etwa tausend Verse gekürzt und mit der Truppe den schwierigen Text erneut geprobt hatte, wurden die Aufführungen besser, die Zuschauer ruhiger und freundlicher. Begeisterung allerdings konnte D'Annunzios blutige Renaissance-Geschichte nicht hervorrufen. Den Stoff hatte der Dichter aus Dantes «Inferno» übernommen. Francesca da Polenta muß eine politische Heirat mit Gianciotto Malatesta, dem Herzog von Rimini, eingehen. Sie verliebt sich jedoch in dessen jüngeren Bruder Paolo, der den häßlichen Gianciotto schon in der Hochzeitsnacht vertreten hatte. Vom jüngsten Bruder verraten, werden Paolo und Francesca vom eifersüchtigen Ehemann Gianciotto ermordet.

Auch dieses Drama D'Annunzios wirkte durch die pathetische Sprache, die über die Handlungsarmut hinwegtäuschte, die reiche Ausstattung und das Spiel der Duse. Im Ausland feierte die italienische Schauspielerin als «Francesca da Rimini» Triumphe: im April 1902 in Berlin, danach in Wien. Die Kasseneinnahmen waren enorm, und D'Annunzio, dem die Duse 12 Prozent pro Aufführung zugestand, konnte mit dem finanziellen Erfolg zufrieden sein. Im Herbst 1902 ging die Duse erneut auf Tournee nach Amerika und brachte nur Stücke D'Annunzios zur Aufführung («La

Berlin, um 1900

città morta», «La Gioconda», «Francesca da Rimini»). Hier gelang es
ihr, wenigstens einige wenige Kritiker zu überzeugen. Die «New York
Press» schrieb am 14. November 1902: «Die Duse gewinnt. Die italienische Schauspielerin hat den Applaus für den italienischen Dichter er-
zwungen. D'Annunzio, lediglich als erotischer Erzähler bekannt, nicht
als Dramatiker, ist als so bedeutender Schauspielautor bewiesen worden, daß kein anderer moderner Autor an seine Qualitäten heranrei-
chen kann.»

Doch das Publikum bereitete Schwierigkeiten: In Boston, im Oktober
1902, mußte man mit der «Kameliendame» eröffnen, bei «La Gioconda»
lobte man nur noch die Duse, «La città morta» fiel durch; nur «Francesca
da Rimini» gefiel – besonders die reiche Ausstattung des Stücks. Obwohl
die Duse häufig vor halbleeren Häusern spielte, überwies sie an D'Annunzio immer die Tantiemen in der Höhe, als ob die Vorstellungen aus-
verkauft gewesen wären. Auch das New Yorker Publikum verschloß sich
den Dramen D'Annunzios; erst als die Duse auf Drängen ihres Impresa-
rios am 14. Januar 1903 eine einzige Vorstellung als Magda in Sudermanns
«Heimat» gab, konnte sie an die Erfolge der früheren Jahre wieder an-
knüpfen.

Ihre D'Annunzio-Mission war, wenn man den Verlauf der ganzen Tournee betrachtet, gescheitert; der Kritiker der «Daily Tribune» stellte im Januar 1903 lapidar fest, daß die berühmte italienische Schauspielerin ihr Publikum mit einigen der schlechtesten Dramen, die jemals aufgeführt wurden, bekannt gemacht habe.

Eleonora Duse ließ jedoch nicht nach in ihrem Bemühen, die Welt von den Qualitäten der Dramen Gabriele D'Annunzios zu überzeugen. Bevor sie für einige Wochen ihr Haus in Settignano aufsuchte, machte die Duse eine kurze Zwischenstation in Paris; dem Herausgeber einer französischen Kulturzeitschrift hatte sie geschrieben: *Es gibt keinen Zündholzverkäufer auf der Straße, der nicht mit lauter Stimme seine Meinung über die «Francesca da Rimini» geäußert und als Autorität dazu seinen Dante zitiert hätte. Man kann darüber lächeln. Inmitten des beißenden Rauches unterscheidet man nicht die Linien des Werkes. Morgen, vielleicht, wird man es besser beurteilen können. Als Künstlerin und als Italienerin halte ich auf die Ehre, meinen Namen und meinen aufrechten Willen dieser Erneuerungsbewegung beizugesellen. Als Künstlerin und als Italienerin tue ich nichts als meine Pflicht, wenn ich mich in den Dienst einer schönen und fruchtbaren Idee stelle. Kluge Leute werfen mir vor, mein altes Repertoire, das meinen Ruf begründet hat, verlassen zu haben. Man ist der Meinung, daß ich in aller Ruhe viel Geld verdienen, Ruhm erwerben und Scherereien vermeiden könnte. Ich halte es für unwürdig, meinen persönlichen Erfolg über das Werk zu stellen. Auch in unserer Kunst vollzieht sich eine Entwicklung.*[83]

Gabriele D'Annunzio hat den Mut der Duse, ihre Liebe, ihre Aufopferung für ihn schlecht gelohnt; nachdem «Feuer» veröffentlicht war, entfernte sich der Dichter immer mehr von ihr. Der Theaterwissenschaftler und Kritiker Julius Bab schrieb voller Mitleid und Bewunderung: «Die Seele der Duse lebt von der Güte – und sie liebt den Gütelosesten aller Menschen. Fünf Jahre lang hat die Duse in Florenz mit D'Annunzio zusammen gewohnt, sie in einem kleinen weißen Haus, unmittelbar neben dem Palais, wo der große Mann mit Dienerschaft, Hunden, Affen und Pferden residierte. In der Zeit hat sie fast nur für sein Werk gelebt... Sie hat für seine ‹Francesca da Rimini› eine halbe Million Lire an Ausstattung aufgewendet. Sie hat ihn gegen den zähen Widerstand seiner Gegner in Italien und schließlich auf Gastspielen in der ganzen Welt durchgesetzt. Aber es erwies sich, daß der Erfolg eigentlich nur noch der der Duse war... Die Duse goß ihre ganze Seele in diese leeren Prunkgefäße, und zeitweilig bestand ihr Repertoire nur aus Stücken D'Annunzios. Und als sie Geld und Gesundheit und Kraft in die Ausbreitung seines Ruhmes zugesetzt hatte – als er ihre Gestalt in pathetischer Verzerrung in dem Roman ‹Fuoco› ausgenutzt hatte –

da verließ sie der ‹Gewalttätige›. Er zog mit einer schönen Aristokratin ans Meer.»[84]

Gabriele D'Annunzio hatte die junge verwitwete Marchesa Alessandra di Rudini Carlotti kennengelernt; für die Siebenundzwanzigjährige gab der Dichter die Villa in Settignano auf. Als die Duse zu Beginn des Jahres 1904 in Frankreich auf Tournee war, berichteten die italienischen Zeitungen bereits über die neue Affäre Gabriele D'Annunzios. Eleonora Duse erkrankte schwer und bat D'Annunzio, die Premiere des neuen Dramas «Figlia di Jorio» («Jorios Tochter»), in der sie die Hauptrolle spielen sollte, noch zu verschieben. Er lehnte ab. Sie schrieb ihm am 9. Januar 1904, wissend, daß sie auf die Rolle würde verzichten müssen: *Es ist also entschieden! Gabri – Süße Kraft – einzig schmerzreicher Teil meines Lebens! Es ist entschieden! Auch ich sage Amen, und so sei es! Damit werde ich alles hingeschenkt haben für Dein gutes Geschick – und wenn mir das Herz bricht – jetzt, dieses letzte Mal... so sei es! Ich habe gehofft, ich habe mir vorgestellt – ich habe gehofft, Geduld würde sich wie ein gütiges Licht strahlend ausbreiten – und wir würden warten können, ehe wir alles in Erschütterung bringen – aber man kann nicht! Du hast die ‹Tochter des Jorio› geschenkt. Auch ich habe sie geschenkt, an Dich, an Dein gutes Geschick – und daß das Herz dabei in Stücke geht, es zählt nicht, es zählt nicht! Entsinne Dich, eines Tages – wie tief die Liebe ist, die man dem anderen schenkt.*[85]

Gabriele D'Annunzio vertraute die Rolle der Mila, die Hauptrolle, der jungen Irma Grammatica an, ließ die Kostüme bei der Duse abholen, kümmerte sich nicht um die Leidende, die schwerkrank in einem Hotelzimmer in Genua lag, betreut von Matilde Serao. Gabriele D'Annunzio dachte nur an seine Premiere, die am 2. März 1904 in Mailand stattfand. Es wurde ein rauschender Erfolg. Und die Duse, die sich jahrelang bemüht hatte, die Dramen D'Annunzios beim Publikum durchzusetzen, die für den Dichter gekämpft hatte mit allen ihren Kräften, durfte an seinem Triumph nicht teilnehmen.

Nach der Uraufführung schickte D'Annunzio ein jubelndes Telegramm an die Duse, sie antwortete ihm sofort mit einem Brief, in dem sie ihn scharf anklagte und sich endgültig von ihm verabschiedete. Sie erhielt daraufhin am 17. Juli 1904 von D'Annunzio einen langen, ausführlichen Brief – Abschied und Rechtfertigungsversuch – voller Unverständnis für ihre Lage: «Heute vor einem Jahr waren wir am Tyrrhenischen Meer; und morgen, am 18., wiederholt sich der Jahrestag, an dem ich das erste Wort auf die erste Seite von ‹Die Tochter des Jorio› geschrieben habe... Wenn es der Zeit nicht gelingt, die Seele wie die Deine wieder gerecht werden zu lassen, wer wird mir jemals gerecht begegnen auf Erden? ...ich kenne Deine Gewohnheit, meine naiven Gefühle und Gedanken zu verzer-

Nach 1904

ren... wie kann der, der ständig verdächtigt wird, sich jemals verteidigen? Du hast jahrelang neben mir gelebt. Es schien mir ab und an, als hättest Du manchmal diese ‹Reinheit› gefühlt, über die ich nicht einmal mit denen, die sich Brüder nennen, reden kann, ohne daß sie darüber voll spöttischer Ungläubigkeit lächeln! Du hast mich betrachtet, wie Du die Bäume betrachtest; und oft fühlte ich mich unter Deinem Blick, als lebte ich völlig durchscheinend in der Luft... Aber von dem Morgen an, als ich die Freude hatte, Dich zu treffen, bis zu dieser verzweifelten Stunde habe ich nur Gedanken und Gefühle gehabt, die Deiner Seele mit Anbetung, Bewunderung, Anerkennung, unendlicher Zärtlichkeit begegneten. Du dagegen hast mich ständig verdächtigt, hast mich herabgewürdigt und hast mich (das ist wirklich schrecklich) für einen durchtriebenen Feind gehalten! Du hast Dich geirrt. Wahrhaftig, das sage ich Dir. Ich hoffe, daß Du diesen Irrtum erkennst... Da Du die einzig Würdige bist, einen großen Dichter zu offenbaren, und da ich ein großer Dichter bin, ist es nötig – vor den heiligen Gesetzen des Geistes –, daß Du Deine Kraft meiner Kraft gibst, Du, Eleonora Duse, mir, Gabriele D'Annunzio... Ich weiß, daß Du Deine Kräfte wiedergewonnen hast und daß Du mit den Freunden heiter bist. Sicherlich wird es Dir gelingen, die Schwierigkeiten zu überwinden. Glaube an die Ehrlichkeit und das Feuer meines Wunsches!»[86]

Aber in einem ganz kurzen Gedicht fand D'Annunzio Worte des Verständnisses und voller Liebe für Eleonora Duse:

> Figlia primogenita di San Marco
> Apparizione melodiosa
> Del patimento creatore
> E della sovrana Bontà.

> Erstgeborene von San Marco
> Melodiöse Erscheinung
> Schöpferin des Leidens
> Und der unumschränkten Güte.[87]

Gabriele D'Annunzios anklagenden Brief beantwortete die Duse mit der Mitteilung, daß sie seine Stücke nie mehr spielen werde und daß sie auf diese Ankündigung keinen Antwortbrief mehr von ihm wünsche. Sie hat dennoch ab und zu D'Annunzio gespielt, und als sie nach langer Pause 1922 zur Bühne zurückkehrte, hat die Duse seine Dramen wieder ganz in ihr Repertoire aufgenommen. Wie sehr sie unter dem Verrat D'Annunzios litt, wie sehr sie sich betrogen fühlte, das vertraute Eleonora Duse nur wenigen Menschen an. Dem alten Freund Adolfo De Bosis gestand

Eleonora am 15. März 1904: *Lieber, erst heute geht es mir etwas besser –*
und ich hebe den Kopf zur Sonne und zum Leben... Ich kann Dir nicht
über mein Inneres schreiben, nur sagen kann ich, daß ich nicht umgebracht
werden will – daß ich nicht so sterben will. – Ich hoffe bald zu meiner Arbeit
zurückzukehren... Ich suche Licht für meine Seele.[88] Und ein wenig später: *Ich allein muß mein Leben in den Händen halten. Und ich werde auf*
meinem Platz bleiben. Das Wie ist gleichgültig. – Schmerz und Freude
haben heute dieselbe Schärfe in meinem Innern. Und zuviel Freude steckt
nun in einem Schmerz, der mich auflöst – und Schmerz finde ich wiederum
in einer Freude, die über meine Kräfte geht![89] Im Herbst besuchte sie Arrigo Boito und sprach ihr Mut zu.

Nach dem Bruch mit D'Annunzio standen der Duse, die auf keinen Fall
die alten französischen Salonstücke erneut spielen wollte, kaum noch
Dramen für ihre Vorstellungen zur Verfügung. Sie suchte verzweifelt
nach neuen Stücken, spielte einige Male Gorkis «Tiefland», war damit
aber nicht zufrieden. Adolfo De Bosis übersetzte für sie «Monna Vanna»
des Belgiers Maurice Maeterlinck. Mit diesem neuen Stück, mit Ibsens
«Puppenheim» und natürlich mit der «Kameliendame» trat sie im Mai
1904 in Mailand auf. Im September/Oktober 1904 ging sie auf Tournee
nach Wien und Budapest und wurde stürmisch gefeiert.

Das Wohlwollen, das man ihr entgegenbrachte, der Applaus, die guten
Kritiken schützten die Duse nicht vor immer neuen Phasen der tiefen
Traurigkeit und Verlassenheit, vor Zeiten, in denen sie ihren Beruf verab-
scheute. Am 2. Mai 1924 berichtete der Schriftsteller Siegfried Loewy in
der Wiener «Neuen Freien Presse», daß ihm die Duse 1904 nach einer
Aufführung im Burgtheater gesagt habe: *Ich begreife meine Kolleginnen*
nicht, die an der nervenzerstörenden Arbeit in ihrem Beruf nicht genug
haben, sondern ein Leben des Rausches, der Freude und des Genusses
führen! Was ist das für ein Leben, wenn man sich nicht wie eine Schnecke in
ihr Haus, in sein Inneres zurückziehen kann? Ich will mir selbst angehö-
ren, mein eigenes Publikum sein, wenn ich nicht draußen stehe auf den
Brettern. Und aus Budapest schrieb sie an eine Freundin: *Ich gehe im*
Wind, wie jemand, der seinen Weg kennt. Ich tue nichts anderes, als daß ich
meinem inneren Rhythmus gehorche, der mich immer vorwärts trägt...
was werde ich wohl am Ende einer so langen Wanderschaft finden? Viel-
leicht... die geheime Süße, mein Geschick erfüllt zu haben – vielleicht. Das
hoffe ich – und was ich gelitten habe – vergesse ich.[90]

Diese melancholische Stimmung steht im eklatanten Widerspruch zu
der Begeisterung, die der Duse entgegenschlug, etwa in Budapest, wo
man die Künstlerin nach einer Vorstellung als «Kameliendame» dadurch
ehrte, daß es beim Schlußapplaus vom Schnürboden weiße Kamelien
regnete.

Das Burgtheater in Wien

Doch die triumphalen Erfolge halfen der Duse nur wenig, die Enttäuschung und die Schmerzen zu vergessen, die ihr Gabriele d'Annunzio
zugefügt hatte. Abgesehen von der psychischen Qual hatte die Duse
auch mit den enormen Schulden zu kämpfen, die ihr aus der Zeit ihres
Engagements für D'Annunzios Dramen geblieben waren. Allein für die
Produktion von «Figlia di Jorio» hatte sie 200 000 Francs aufgenommen;
sie war deshalb gezwungen, unermüdlich zu arbeiten, obwohl der Berliner Bankier Robert Mendelssohn, ein Freund, alle ihre Verbindlichkei-
ten übernommen hatte und bis zu seinem Tod als ihr Vermögensberater
tätig war.

Ab Oktober 1904 gastierte sie wieder in Deutschland und Österreich;
hier sah sie auch Hermann Bahr wieder, der 1903 festgestellt hatte: «Sie
ist vor D'Annunzio die größte Schauspielerin der Welt gewesen, sie hat
ihn nicht gebraucht, sie wäre künstlerisch auch ohne ihn, was sie ist.
Aber menschlich ist sie uns durch ihren Glauben an ihn, durch ihre
Treue, durch ihren fanatischen Trotz gegen alle kleinmütigen Warner

und Zweifler unendlich teuer und rührend geworden; und was sie für ihn getan hat, sichert ihr allein eine edlere Unsterblichkeit zu, als sonst ihrem Stande vergönnt ist. Sie mag das wohl selbst fühlen, und aus dieser Empfindung strahlt über sie, wenn sie seine Gestalten spielt, ein Schimmer und ein Glanz herab, den sie sonst nicht hat.»[91] In Berlin traf sie Hugo von Hofmannsthal, aus dessen Feder viele begeisterte Kritiken über die Duse stammen, und sie lernte den Bühnenbildner Gordon Craig kennen, den Sohn der berühmten englischen Schauspielerin Ellen Terry, mit dem sie später einmal zusammenarbeiten sollte. Auch die Bekanntschaft von Craigs Lebensgefährtin, der Ausdruckstänzerin Isadora Duncan, machte die Duse – aus dieser Begegnung entwickelte sich eine tiefe Freundschaft.

Im Jahre 1905 finden wir die Duse wieder in Wien, wo sie als «Nora» und «Kameliendame» enthusiastisch gefeiert wurde; einem ihrer treuesten Verehrer, dem Kritiker Hermann Bahr, schrieb sie am Vorabend der Abreise: *Gestern abend die Menge, die Bühne, die Kunst und das Handwerk... Traum und Wirklichkeit, Wahrheit und Dichtung... und heute abend fährt man weg. So geschieht es mir, daß die einzigen Stunden des Ruhens und Denkens und der Sammlung jene sind, die ich im Zug verbringe – neulich die Reise zwischen Budapest und Wien; das waren so einige Augenblicke des Friedens... Das Land war ein Wunder an Farbe – so friedlich, so sanft... Ich hatte vier Stunden wohltuender Träumerei, während ich durch das kleine Fenster des Zuges blickte – und ich dachte, und verstand so manches. – Aber ich habe Sie nicht sehen und sprechen können... Anstatt Ihnen danke zu sagen, möchte ich Ihnen sagen: Leben Sie!*[92]

Trotz der Sehnsucht nach Ruhe unterzeichnete die Duse noch in Wien einen Vertrag für Gastspiele in Paris; Sarah Bernhardt bot ihr wiederum ihr Theater an, doch Eleonora Duse lehnte ab. Sie hatte die Memoiren ihrer französischen Rivalin gelesen, in denen sie klassifiziert wurde als «keine große Künstlerin»[93]. Nach dieser Äußerung war die Duse zu stolz, um Sarah Bernhardts Angebot noch akzeptieren zu können. Am 20. Februar 1905 schrieb sie an ihre Konkurrentin einen diplomatischen Brief, nachdem sie in Paris eingetroffen war: *In meinem Herzen ist kein Vergessen. Ihnen, Madame, gilt hier mein erster Gedanke – ganz Dankbarkeit – den ich Ihnen mit diesen Worten, «in der ersten Stunde» meiner Ankunft in Paris geschrieben, zusende... Einst, in jenen Tagen, taten Sie alles, um gegen mich großmütig und gut zu sein. Sie haben mich damals an eine schöne Intimität gewöhnt, die in mir zu einer zarten und tiefen Verehrung wurde. Ach, warum, Madame, warum kann heute mein Herz nicht unmittelbar zu Ihnen sprechen? ... Ich kann in dieser Stunde die Meinung, die Sie über meine Kunst zum Ausdruck gebracht haben, nicht übersehen... Aber... die Erinnerung an Ihr Kunst-Urteil darf mich nicht Ihre frühere Güte vergessen machen, denn jede Stunde hat ihren Wert im Leben, und es ist mir lieb, in diesem Augenblick, mich derjenigen zu erinnern, da Sie vollkommen und gut gegen mich waren... Wollen Sie sich also Ihrerseits, Madame, meiner Bewunderung ohne Grenzen und meiner Dankbarkeit ohne Ende erinnern.*[94]

Für das Pariser Publikum spielte die Duse einige ihrer alten Erfolgsstücke, «Die Frau des Claudius», «Heimat», «Die Kameliendame», «Die Wirtin», «Odette», zeigte sich ihren französischen Zuschauern zum erstenmal in Ibsens «Hedda Gabler» und gab zwei Sondervorstellungen als Silvia in D'Annunzios «La Gioconda».

Als Hedda Gabler

Auch in London, ihrer nächsten Station, bestand das Publikum auf einigen zusätzlichen Aufführungen von «La Gioconda», das sie eigentlich nicht mehr im Repertoire hatte. Ihr England-Aufenthalt war so erfolgreich, daß sie verlängern mußte und bis Anfang August 1905 spielte. Endlich hatte sie auch wieder einmal die Möglichkeit, ihre Tochter Enrichetta zu sehen, die, nach Jahren in französischen und deutschen Pensionaten, nun in London studierte.

Auch mit Ibsen, den sie in jenen Jahren so recht entdeckte, stieß die Duse – wie schon zuvor mit den Dramen D'Annunzios – kaum auf Widerhall, häufig auf Ablehnung beim Publikum. Als sie im Oktober 1905 in Italien zum erstenmal die Rebekka West in «Rosmersholm» spielte, wurde sie ausgebuht. Das konservative, unbewegliche italienische Theaterpublikum, das seine Duse am liebsten als «Kameliendame» sah, sie als Ibsens «Nora» zwar noch akzeptierte, weil sie in dieser Rolle brillieren konnte, indem sie die Entwicklung der naiven, unterdrückten jungen Frau zur entschlossenen Verfechterin der eigenen Würde gestaltete, dieses Publikum war nicht gewillt, Eleonora als unheimliche Gesellschafterin «Rebekka» agieren zu sehen. Das Ibsensche Drama, das den Untergang des dekadenten Geschlechts der Rosmer beschreibt, das in düsteren Bildern und unheimlichen Symbolen das kommende Unheil beschwört, wurde zunächst rückhaltlos abgelehnt. Eleonora Duse schien für die Zuschauer in diese graue, todbringende Atmosphäre nicht zu passen, der norwegische Dichter blieb dem italienischen Publikum lange fremd. Selbst ein so belesener und kultivierter Theaterkenner wie Arrigo Boito hatte ja vor Jahren noch gemeint, die Duse könne an den Dramen Ibsens sicherlich keinen Gefallen finden.

Doch Eleonora Duse liebte die Schauspiele Henrik Ibsens, sie sah eine große Chance für ihre künstlerische Entwicklung darin, seine Frauenrollen zu gestalten. Sie ‹poetisierte› Ibsen, arbeitete ganz bewußt die lyrischen und symbolischen Passagen heraus und unterstrich sie durch ihr Spiel. Die Duse spielte Ibsen zart, schwebend, sein geheimnisvolles Spätwerk die «Frau vom Meere» gehörte deshalb zu ihren Lieblingsrollen. Unterstrichen durch weiche, fallende Kleider in zarten Farben, erschien die weibliche Hauptfigur dieses Stücks, Ellida, in der Interpretation der italienischen Schauspielerin fast überirdisch. Die Geschichte der – magnetisch vom Meer angezogenen – Frau, die sich zwischen ihrem bürgerlichen Ehemann und einem rätselhaften fremden Seemann entscheiden muß, hat bei Ibsen schon symbolisch-mystische Qualität, die durch die Darstellung der Duse noch gesteigert wurde.

Als «Frau vom Meere» gelang es ihr, das Publikum in Italien langsam an Ibsen zu gewöhnen und ihre skeptischen Zuschauer in den anderen Ländern davon zu überzeugen, daß auch eine Italienerin den Norweger Ibsen spielen konnte, so zum Beispiel bei ihrem Gastspiel 1908 in Berlin, wo ihr Repertoire nur aus Dramen Ibsens bestand.

Im Jahre 1906 ging Eleonora Duse auf eine Skandinavien-Tournee; es gelang ihr nicht, Ibsen, der schwer krank war, einen Besuch abzustatten. Er starb am 23. Mai 1906 in Oslo.

Bei den Inszenierungen der Stücke Ibsens legte die Duse – ebenso wie bei D'Annunzios Dramen – großen Wert auf die Ausstattung und das Bühnenbild. Es erschien ihr deshalb als ein Glücksfall, als sich der begabte junge Bühnenbildner Gordon Craig, den sie 1904 in Berlin kennengelernt hatte, bereit erklärte, mit ihr bei der Gestaltung von «Rosmersholm» zusammenzuarbeiten. Obwohl der exzentrische Craig kein leichter Partner

Karikatur von Olaf Gulbransson aus dem «Simplicissimus», 1903

war, gestaltete sich das Zusammenspiel zwischen der Duse und ihm äußerst fruchtbar. Denn er teilte das lyrische Ibsen-Verständnis der Duse und schuf ein zartes Bühnenbild voll sanfter Farben, das bei der Vorstellung am 5. Dezember 1906 in Florenz von der Kritik sehr gelobt wurde.

Anfang Februar 1907, bei einem Gastspiel in Nizza, kam es dann zu einem Eklat: Gordon Craig beschwerte sich hysterisch über den Aufbau seines Bühnenbilds, glaubte, sein Kunstwerk zerstört zu sehen und wurde ausfallend. Empört wies die Duse ihn aus dem Theater und suchte nie mehr seine Mitarbeit.

In Frankreich, Österreich, auf dem Balkan feierte Eleonora Duse nun auch mit den Ibsenschen Frauengestalten Triumphe. Sie arbeitete unermüdlich, obwohl es sie erschöpfte, um ihr durch D'Annunzio erschüttertes künstlerisches Selbstvertrauen wiederzuerlangen, um zu vergessen: *Ich habe es so nötig zu arbeiten... Eine Zeit liebte ich meine Kunst, weil sie mir einige Augenblicke des Vergessens aller Leiden brachte – jetzt liebe ich sie, weil sie mich nichts mehr fürchten läßt, weder die Erinnerung des Gewesenen noch das Leiden der Gegenwart.*[95]

Eine Südamerika-Tournee – mit einigen französischen Salonstücken und Ibsen – im Herbst 1907 und eine daran anschließende Gastspielreise durch Rußland brachten Eleonora großen finanziellen Erfolg. Diese Einnahmen und die ihrer Tournee durch Deutschland im Herbst 1908 bildeten den Grundstock des Vermögens, das die Duse in den folgenden Jahren, in denen sie nicht mehr auftreten sollte, benötigte.

Herman Bang hatte zu Ende des 19. Jahrhunderts die Duse auch als typisches Phänomen der Zeit gesehen und geschrieben: «Eleonora Duse ist nicht größer als die Großen: sie ist nur die Letzte und Jüngste unter ihnen... Sarah Bernhardt ist, ein Sprößling des Kaisertums, unter der Republik erblüht. Aber die Duse und sie allein – ist der Sendling des Jahrhundertendes. Darum ergreift sie, manche unter uns am tiefsten und stärker als irgendeine der anderen.»[96]

Eleonora Duse war fünfzig, sie fühlte sich alt, krank, erschöpft, völlig ausgelaugt, mehr als ruhebedürftig, als sie am 25. Januar 1909 als Ellida in «Die Frau vom Meere» in Berlin Abschied von der Bühne nahm.

Das neue Jahrhundert hatte begonnen, sie konnte nicht mehr «der Sendling des Jahrhundertendes» sein, sie war nicht mehr «die Letzte und Jüngste» – aber sie wurde schmerzlich vermißt. Noch 1913 schrieb Oskar Maurus Fontana aus der Erinnerung heraus: «Man fragt danach, was sie spielt! Ist das nicht gleichgültig? Wenn sie nur überhaupt da ist, ihre wundersame Stimme stöhnt, lacht, weint, jubelt; ihre wundersamen Hände sich krampfen, ballen, Tränen trocknen, segnen; ihre wundersamen Augen wie harte Edelsteine funkeln oder Schleier darüber wehen wie an einem Herbstabend. Sie tritt auf die Bühne in einem ihrer seltsam fallenden und wallenden antiken Gewänder, und aus ihrer Stimme, ihren Augen, ihrem Gehen, ihrem Schreiten, ihren Händen wird uns die Schönheit und das Weh der ganzen Welt offensichtig.»[97]

Endlich Ruhe (1910-20)

Es gab in den nächsten Jahren keine ermüdenden Tourneen, keine Suche nach neuen Stücken, keinen Ärger mit dem Impresario, keine Auseinandersetzungen mit den Mitgliedern der Truppe, keine Flucht vor zudringlichen Journalisten, keine wegen Krankheit abgesagten Auftritte – aber auch keine Ovationen, keinen rauschenden Beifall, keine jubelnden Kritiker, nur noch wehmütige Erinnerungen, viel Nachahmung, bald scheinbares Vergessensein.

In einer Untersuchung zur Entwicklung der Schauspielkunst, die 1919 in Berlin erschien, wird Eleonora Duse als Phänomen und als Vorbild gewürdigt: «Die neue, oder besser gesagt, die gegenwärtige Schauspielkunst legt auf das Proteische keinen Wert, ihr ist es nur um die restlose Ausschöpfung der darzustellenden Charaktere zu tun, nach dem Vorbild der Duse wird sogar gelegentlich auf die Schminke verzichtet... Eigentlich war sie es, die der sogenannten modernen Schauspielkunst Marke und Prägung gab... Sie beschränkte die Gestikulation vornehmlich auf ein Spiel der Hände, das aber in seiner Mannigfaltigkeit von beredtestem Ausdruck war, sie entkleidete die Schauspielkunst aller theatralischer Mittel, zeigte im Spiegel der Mienen, im Blick des seelenvollen Auges Wandlungen und innere Vorgänge, die sonst nur mit einem viel größeren Aufwand schauspielerischer Mittel zur Anschauung gebracht wurden.»[98]

Vielen jungen Schauspielerinnen galt die Duse als leuchtendes Vorbild, aber kaum eine, die ihr nacheiferte, erreichte ihre Höhe der Kunst – vieles blieb stümperhafte Imitation.

Als sie nicht mehr spielte, reiste Eleonora Duse, die früher ihr unstetes Leben immer beklagt hatte, häufig in Italien herum, lebte in Hotels, in kleinen Pensionen – wie zu Tourneezeiten –, besuchte alte Freunde und schloß Bekanntschaften. Oft begegneten ihr junge Mädchen und Frauen, die sie faszinierten, zu denen sie sich mütterlich hingezogen fühlte.

Die eigene Tochter, Enrichetta, hatte 1908 Edward Bullough, Mathematikprofessor in Cambridge, geheiratet. Hatte Eleonora Duse ihrer

Enrichetta als junge Frau

Tochter früher täglich geschrieben, zumindest telegrafiert, um dem Kind, das in verschiedenen Internaten erzogen wurde, das Gefühl der Verbundenheit zu vermitteln, so beendete sie diese Korrespondenz mit dem Tag der Hochzeit Enrichettas, weil sie wußte, daß die Tochter sie nun nicht mehr benötigte.

Eine der vielen jungen Frauen, derer sich die Duse annahm, war Lina

Poletti, zwanzigjährige Schriftstellerin, energische Vertreterin des Feminismus, zeitweilige Geliebte der prominenten Autorin Sibilla Aleramo. Lina Poletti träumte davon, Dramen für die Duse zu schreiben, sie reiste mit ihr und bestürmte sie mit Liebesbriefen: «Eleor, ich liebe Dich. Eleor, ich vertraue auf Dich, Eleor, ich komme... Eleor, meine Seele.»[99] Etliche Bekannte der Duse waren schockiert über ihre Bekanntschaft mit der in bürgerlichen Kreisen übel beleumdeten Lina Poletti. Die Duse ließ sich die Anbetung der jungen Schriftstellerin gefallen, hielt sie aber auf Distanz und betrachtete Lina wohlwollend-ironisch.

Auch konnte sich Eleonora Duse nicht für den von Lina und ihren Mitkämpferinnen vertretenen Feminismus erwärmen. Die Duse interessierte sich zwar für die Frauenbewegung, aber die Mitteilung, die sie auf einem Frauenkongreß, um 1912, verlesen ließ, zeigt deutlich, wie weit sie vom militanten Feminismus entfernt war. Zunächst lehnte es die Duse vehement ab, die Männer zu bekämpfen und nach gesetzlichen Lösungen zu rufen, sie war dagegen der Meinung: *Man muß mit der Veränderung bei der Erziehung ansetzen, bei der Erziehung der Frauen und Männer.*[100] Die Duse forderte für die Frauen eine Befriedigung *außerhalb der Liebe... eine Art höhere Liebe,* ein *Betätigungsfeld* für ihre Weiblichkeit, Anerkennung des *Adels der Arbeit*[101] und damit die Gleichberechtigung durch überzeugende Leistung, nicht durch kämpferisches Verhalten. In dieser Erklärung spielen ganz persönliche Erlebnisse und Überzeugungen eine Rolle, die sicherlich nicht allen Feministinnen des Jahres 1912 geläufig waren. Ein eigenes Betätigungsfeld, eine Aufgabe jenseits der Liebe – das hatte die Duse jahrelang gehabt, sie hatte sich in ihrer Weiblichkeit durchgesetzt, nicht immer glücklich, trotz aller Erfolge, aber konsequent.

Aber auch sie, die sich, gezwungen durch ihren Beruf und ihre Begabung, über so viele Konventionen hinweggesetzt hatte, litt unter dem schlechten Gewissen, ihrer Tochter keine gute Mutter gewesen zu sein. Sie hatte das Kleinkind zu Pflegeeltern gegeben, sich nur in den wenigen Wochen, die spielfrei waren, um Enrichetta kümmern können; als die Tochter größer wurde, lebte sie in Internaten, erhielt eine sehr gute Ausbildung, sah aber ihre Mutter kaum. Als Enrichetta heiratete, begrüßte es Eleonora, daß ihre Tochter endlich nicht nur den *albernen Familiennamen* Checchi ablegen konnte, sondern auch den Namen der Duse *von sich werfen*[102] konnte. Als Enrichetta eine Reise nach Italien, wo sie ihre Mutter besuchen wollte, verschob, weil ihr kleiner Sohn Zähne bekam, schrieb ihr Eleonora: *Sei nicht wie ich eine herzlose Mama und verlasse Dein Püppchen nicht – auch nicht wegen Deiner Mutter.*[103]

Im Sommer 1912 hielt sich die Duse in Venedig auf und traf dort mit Rainer Maria Rilke zusammen, der zu Gast war bei der Fürstin von Thurn

Eleonora Duse mit Enrichetta

und Taxis. Bereits 1904 hatte Rilke gehofft, Eleonora Duse in Berlin bei der Familie Mendelssohn zu treffen, im gleichen Jahr hatte er ihr sein Stück «Die weiße Fürstin» gewidmet. Von Rilke stammt das schönste und verständnisvollste Gedicht über die Duse – «Bildnis» – und eine großartige Beschreibung der Schauspielerin in «Die Aufzeichnungen des Malte Laurids Brigge», die 1910 erschienen: «Es ist wahr, du warst ein Schauspielerkind, und wenn die Deinen spielten, so wollten sie gesehen sein; aber du schlugst aus der Art. Dir sollte dieser Beruf werden... eine Verkleidung, dicht und dauernd genug, um hinter ihr rückhaltlos elend zu sein, mit der Inständigkeit, mit der unsichtbare Selige selig sind. In allen Städten, wohin du kamst, beschrieben sie deine Gebärde; aber sie begriffen nicht, wie du, aussichtsloser von Tag zu Tag, immer wieder eine Dichtung vor dich hobst, ob sie dich berge... Aber, schautest du dann vorsichtig auf, so war kein Zweifel, daß sie dich die ganze Zeit gesehen hatten, alle in dem häßlichen, hohlen, äugigen Raum: dich, dich, und nichts anderes. Und es kam dich an, ihnen den Arm verkürzt entgegenzustrecken mit dem Fingerzeichen gegen den bösen Blick. Es kam dich an, ihnen dein Gesicht zu entreißen, an dem sie zehrten. Es kam dich an, du selber zu sein... Du fühltest, wie dein Herz sich unaufhaltsam steigerte, zu einer immensen Wirklichkeit und, erschrocken, versuchtest du noch einmal die Blicke von dir abzunehmen wie lange Fäden des Altweibersommers –: Aber da brachen sie schon in Beifall aus in ihrer Angst vor dem Äußersten: wie um im letzten Moment etwas von sich abzuwenden, was sie zwingen würde, ihr Leben zu ändern.»[104] Als Rilke in Venedig die Duse dann von Angesicht zu Angesicht sah, sie besuchen durfte und lange Gespräche mit ihr führte, war er fasziniert, glaubte an Seelenverwandtschaft.

Rilkes Gastgeberin, die Fürstin von Thurn und Taxis, zeigte sich beunruhigt, sie befürchtete, daß die Duse eine Katastrophe für den labilen Dichter darstellen könnte: «Ich kannte die Duse gut. Hatte sie in Augenblicken gesehen, wo sie mir ihr ganzes Herz ausschüttete. Ein wunderbares, überragendes Wesen, aber – eine Verzweifelte. Eine kranke, alternde, tief unglückliche Frau.»[105] Marie von Thurn und Taxis berichtete auch, daß Eleonora Duse durch den häufigen Streit mit Lina Poletti, die sie nach Venedig begleitet hatte, gequält wurde und nach ihren trüben Erfahrungen mit D'Annunzio «unter der schmerzlichen Einsicht litt, daß eine auf Vertrauen, Bewunderung und gemeinsame Arbeit begründete Freundschaft ein tief betrübliches Ende nehmen mußte, ein Ende voll Vorwürfen, Mißtrauen, Bitterkeit»[106].

Doch Rilke «war selig, die Duse kennenzulernen, ihr helfen zu dürfen; er war den ganzen Tag für sie da, zu jeder Stunde bereit, doch langsam begann eine wachsende Furcht sich seiner zu bemächtigen. Er sollte bald

Rainer Maria Rilke

erfahren, daß er, statt sie zu beruhigen, selbst in den Bann ihrer Qualen zu gleiten drohte. Eines Tages erschien er ganz verstört... Die Duse war verschwunden. Niemand wußte, wohin sie sich geflüchtet hatte... Der ganze Nachmittag verging unter fruchtlosem Suchen. Ohne Ergebnis mußte man heimkehren, Rilke war krank vor Aufregung. Am nächsten Morgen war die Duse wieder da. Sie hatte sich nach Murano oder Chioggia geflüchtet.»[107] Rilke sah in der Duse immer die Schauspielerin, die begnadete Darstellerin, die auch im alltäglichen Zusammensein die Fähigkeit besaß, «die menschlichen Dinge größer» ausdrücken zu können, und nie genug Zuschauer hatte, «die Fülle des Auftritts ihr abzunehmen»[108].

Rilke hatte die kranke, alternde, müde, unzufriedene, depressive Eleonora Duse in Venedig erlebt – aber auch ihm gelang es nicht, sie dazu zu bewegen, ihr untätiges Leben aufzugeben und zur Bühne zurückzukehren. Obwohl ihre Freunde rieten, wieder zu spielen, obwohl sie in einer Zeitung, die vom Abschied der Duse von der Bühne geschrieben hatte, ein Dementi veröffentlichen ließ, tat sie nichts, um erneut aufzutreten. Es schien so, als habe sie Angst davor.

Eduard Schneider, einem jungen französischen Autor, ihrem späteren Biographen, schrieb sie am 23. August 1912, als er ihr ein Theaterstück zur Begutachtung gesandt hatte: *Ich darf es nicht spielen. – Doch kenn ich nun Ihr Werk, und das ist mein Trost. Vielleicht findet es eines Tages den Weg zum Erfolg (oder zum Leben). – Ich danke Ihnen, daß Sie an Eleonora Duse gedacht haben; aber die jetzt mit Ihnen redet, faßt nicht noch einmal den bitteren Mut, der weder Stolz kennt noch Innigkeit und weiß, daß alles umsonst ist – den Mut, der dazu gehört, wieder auf die Bühne zu gehen – niemals – Welch eine Hölle! – nein – nie wieder. – Als ich noch Kraft hatte zu arbeiten und zu reisen, habe ich es getan . . . Aber was für Arbeit im Lärm und in der Leere, Tag für Tag und Nacht für Nacht! – Alter und karge Gesundheit vergönnen mir nun endlich, so bitteren Mut fahren zu lassen; beinahe bin ich jetzt frei, jedenfalls für den Augenblick, solange ich fern bin . . . Und doch denk ich manchmal dahin zurück; ein lieber Gedanke, der mich nicht losläßt und im Verborgenen plagt, der aber doch lebt und mich über alles tröstet.*[109]

Nur wenigen Freunden vertraute die Duse an, daß sie sich insgeheim immer wieder mit dem Gedanken auseinandersetzte, zur Bühne zurückzukehren, wieder zu arbeiten, daß ihr diese Idee aber, weil sie sich so alt und ängstlich fühlte, wie ein nicht mehr zu realisierender Traum vorkam. Die große, damals berühmte Chansonette Yvette Guilbert erhielt Ende März 1913 solch einen Bekenntnisbrief: *Gib acht, meine gute Yvette. Vielleicht wird, was ich Dir sage, niemals geschehen. Vielleicht ist, was mich zum Schreiben drängt, nur das Beklemmende von Krankheit, Einsamkeit und Verlassenheit an Herz und Geist; vielleicht ist es verräterische Eitelkeit, die Unreife des Künstlers oder der Frau, die dem Theater verfallen ist . . . Ich sterbe, ich sterbe hier, doch nicht schnell genug . . . Und ich fühle mich innerlich so, wie es ähnlich vielleicht nach dem Tod sein wird . . . Sage niemandem etwas, denn vielleicht werde ich niemals wieder gesund werden und niemals mehr etwas wiederfinden. Aber ganz allein in die weite Ferne aufzubrechen und wieder an die Rampe gekettet sein, das könnte ich nicht mehr. Mit Dir hingegen, Du Schwester im Geist und in der Arbeit, wird vielleicht meine Kraft von neuem erwachen.*[110] In dem Brief schlägt Eleonora Duse eine gemeinsame Tournee in Nordamerika vor, bei der jede von ihnen an drei Abenden der Woche spielen solle. Von ihrer eigenen

Isadora Duncan

Darbietung hatte sie bereits konkrete Vorstellungen; sie wollte auf jeden Fall als Ellida in Ibsens «Frau vom Meere» auf die Bühne zurückkehren, mit ihrer Lieblingsrolle der letzten Jahre, die sie als eine *schöne Trösterin in den Stunden meiner Seelenkämpfe* [111] bezeichnete.

Obwohl sie sich niedergeschlagen und völlig erschöpft fühlte, hatte Eleonora Duse stets ihren Bekannten und Freunden geholfen, wenn sie gebraucht wurde; ja selbst Unbekannten brachte sie, wenn sie Kummer hatten, Mitleid und tätige Hilfe entgegen. Als sie 1913 erfuhr, daß die Tänzerin Isadora Duncan ihre beiden Kinder bei einem Autounfall verloren hatte und sich in ihrem Schmerz nicht fassen konnte, bat sie Isadora, zu ihr zu kommen, um sie zu trösten. In ihren Lebenserinnerungen berichtet die Duncan von ihrem Zusammentreffen: «Am nächsten Morgen fuhr ich sofort zur Duse... Als ich das Leuchten in ihren Augen erblickte, faßte ich wieder frischen Mut. Ihr Trost schien den Schmerz von mir zu nehmen und in ihr eigenes Herz zu versenken, und nun erkannte ich auch, warum ich die Gesellschaft anderer Menschen nicht ertragen konnte: Alle anderen spielten nur Komödie, sie versuchten mein Gemüt durch vorgetäuschtes Vergessen zu erleichtern – Eleonora aber sprach: ‹Erzähle mir von Deidre und Patrick›, dann mußte ich ihr Aussprüche meiner Kinder und kleine Begebenheiten aus ihrem Leben erzählen und ihre Photographien zeigen, die sie küßte und über die sie Tränen vergoß. Niemals riet sie mir, meinen Schmerz zu betäuben, nein, sie litt mit mir, und zum erstenmal seit der Katastrophe fühlte ich mich nicht mehr allein. Ihr großes Herz war imstande, alle Tragödien dieser Welt in sich aufzunehmen.»[112]

Eleonora Duse tröstete auch Maria Osti Giambruni, eine mit ihr befreundete junge Kriegerwitwe, und sorgte sich um die Schulausbildung von deren Töchter. Sie hatte Maria Osti Ende 1911 kennengelernt, als sie deren Villa in Rom besichtigte, um sie zu mieten oder eventuell zu kaufen. Die Duse benötigte ein Haus, weil sie ein Heim für junge Schauspielerinnen gründen wollte – mit einer Bibliothek und etlichen Ruhezimmern, sie wollte ihren jungen Kolleginnen die Möglichkeit geben, sich zu bilden (wie sehr hatte sie selbst unter ihrem mangelnden Schulbesuch und ihrer Unbildung gelitten, wie dankbar war sie Boito, der mit ihr zusammen las) und sich in angenehmer Umgebung zu entspannen. Die Duse mietete das Haus, stiftete ihre eigene Bibliothek und rief zu Spenden auf: *Ich will arbeiten und die Schatten verscheuchen, die über den Stirnen unserer Schauspieler und Schauspielerinnen liegen... Zunächst muß ich das verwirklichen, was ich das kleinere Programm nenne, nämlich den Aufbau einer Bibliothek wie etwa in einem kulturellen Zirkel, die alle für die künstlerische Bühnenerziehung nützlichen Bücher enthalten soll... Diese Bibliothek... darf jedoch kein geschlossener Kreis dramatischer Künstler sein... Es soll dort Lesesäle geben und Unterhaltungssäle, in denen sich die führende intellektuelle Welt Roms ein Stelldichein gibt. Denn ich erstrebe und wünsche, daß die Bühnenkünstler in engen Kontakt kommen mit Menschen von Kultur und daß Konferenzen, Vorlesungen und musikalische Darbietungen abwechseln, um die Erziehung der Schauspieler zu vervollständigen.*[113]

Gegen erhebliche Widerstände gelang es Eleonora Duse, ihren Plan zu verwirklichen. Viele, die sie um Unterstützung bat, lehnten ihre Vorstellung als zu idealistisch und schwärmerisch ab, sprachen von einem nutzlosen Unterfangen oder warfen ihr vor, die Bedürfnisse der Schauspieler nicht mehr zu kennen. Doch die Duse schrieb unermüdlich und unerschrocken weiter ihre Bittbriefe: *Mir ist das Herz voll, so sehr fühle ich, wie viele Wege man gehen muß, um den kleinen Schauspielerinnen, die ein lebendes Beispiel des Lebens sind, zu beweisen, daß das Leben nicht bar von Idealen ist!*[114]

Das Heim für Schauspielerinnen, das am 27. Mai 1914 feierlich eröffnet wurde, erwies sich nach kürzester Zeit als Mißerfolg. Die jungen Kolleginnen dürsteten nicht nach Idealen, wollten nicht lesen und sich in intellektueller Umgebung bewegen; wenn sie etwas benötigten, dann war es Geld, wie die Duse enttäuscht ihrer Tochter Enrichetta berichtete. Der «Börsencourier» in Berlin hatte am 30. Mai 1914 zwar anerkennend, aber bereits skeptisch berichtet: «An einem der schönsten und stillsten Punkte Roms ist Mittwoch das von Eleonora Duse begründete Schauspielerinnenheim, von dem schon vor längerer Zeit die Rede war, eingeweiht worden... Das Heim soll ein Ruheort für vielbeschäftigte Künstlerinnen sein, und wer zwischen der Vormittagsprobe und der Abendvorstellung sich hier zwischen den vielen Büchern und den vielen Blumen ein wenig ausruht, kann, wenn er einige Phantasie hat – und welche Schauspielerin hat die nicht – sich einbilden, daß er fern vom Geräusche der Welt in ländlicher Zurückgezogenheit lebe... Wie so vieles im Künstlerleben, wird das aber dann auch nur Illusion sein!»

Schon nach kurzer Zeit brach das Unternehmen «aus Mangel an Mitteln, aus Mangel an Verständnis, aus Mangel an innerer Lebensfähigkeit zusammen»[115]. Im Januar 1915 wurde das Haus geschlossen, und die Duse stiftete ihre Bücher einer Lehrerbibliothek.

Abgesehen von den nicht mehr tragbaren Kosten für die Villa in Rom hatte die Duse in den nächsten Jahren mit erheblichen finanziellen Schwierigkeiten zu kämpfen. Nach Ausbruch des Ersten Weltkriegs gestaltete sich der Transfer ihres Geldes, das in Berlin vom Bankier Mendelssohn verwaltet wurde, nach Italien äußerst kompliziert. Eleonora Duse war gezwungen, ihren Schmuck zu versetzen, später dann sogar zu verkaufen.

Obwohl sie eine glühende Patriotin war und die Kriegspatenschaft für einen jungen Soldaten übernommen hatte, dem sie regelmäßig liebevolle Briefe schrieb, litt sie unter den politischen Ereignissen und den aufkommenden nationalen Haßgefühlen. Silvester 1915 schrieb sie: *Glückwünsche? Was bedeutet heute, wo die Welt Kopf steht, ein Datum! ... Liebe in der Welt! ... Ich bin dankbar, wohlmeinende Gedanken verströmt zu ha-*

Eleonora Duse. Kohle- und Kreidezeichnung Franz von Lenbachs

ben. *Ich bin dankbar zu geben. Wenn einer von uns es schaffen könnte –
mein Gott, welchen Wechsel des Lebens gäbe es dann! Einen Wechsel wie
den vom Tage zur Nacht – wie von einer Jahreszeit zur anderen.*[116]

Luciano Nicastro, ihr ‹Kriegspatenkind›, erhielt Anfang 1916 folgende
Zeilen von der Duse: *Auch hier ist Frühling, mein Sohn. Was für eine
Traurigkeit: eine so sanfte Musik, so geflüstert bei so viel Kriegsgetöse...
Ich möchte Dein Herz trösten... Sei gesegnet, wo Du bist... Halte aus,
achte auf nichts, leide nicht darunter. Die Welt ist ein Kampf für etwas, was
größer ist als wir alle!*[117]

Doch der Glaube an irgendeinen höheren Sinn der kriegerischen Ereignisse verließ die Duse bald, und sie gestand einer Freundin 1917: *Vor ein*

115

Um 1915

paar Jahren habe ich mir so gewünscht zu sterben. Jetzt, wo die Welt ein Blutbad ist, bin ich darauf versessen zu leben... um das Warum der Dinge zu sehen... Solch ein Wahnsinn![118] Als man die Duse bat, bei einer Fronttheatertruppe mitzuwirken, lehnte sie energisch ab. Theaterspielen und Krieg ließen sich für sie nicht vereinbaren. Aber sie fuhr an die Front, unterhielt sich mit den Soldaten, schenkte ihnen Kleinigkeiten, half sogar – trotz ihrer eigenen beschränkten Mittel – gelegentlich mit geringen

Geldbeträgen aus. Sie übernahm es auch, Briefe für die Soldaten zu transportieren oder Grüße an deren Familienangehörige auszurichten.

Bedingt durch die Kriegsereignisse erhielt die Duse lange keine Nachricht von ihrer Tochter aus England; an einen Besuch war gar nicht mehr zu denken. Da war es tröstlich, gute, hilfreiche Freunde zu haben. Die Beziehung zu Arrigo Boito belebte sich wieder neu. Er, den die Duse respektvoll *Santo* (Heiliger) nannte, tröstete sie immer wieder, er trug ihr nichts nach und schrieb beruhigende Briefe an Enrichetta: «Ich habe Deine Mama ein paarmal gesehen. Es geht ihr gut, Du brauchst Dir keine Sorgen zu machen. Sie lebt heiter in einem ruhigen Hotel, von ihrem Balkon aus (auf dem sie Blumen zieht) schaut man in herrliche Gärten... Sie liest, immer, sehr schöne Bücher...»[119]

Und im Frühjahr 1915 lernte die Duse in Rom den jungen Arzt Angelo Signorelli und seine Frau Olga kennen, an die sie sich eng anschloß. Bis zu ihrem Tod verband die Duse mit Olga Signorelli, die ihre Biographin werden sollte, eine enge Freundschaft. Kurz nach dem ersten Besuch schrieb die Duse der jungen Frau: *Ich warte auf eine Stunde Sonnenschein, um in einem Garten, nicht weit von hier, ein paar Blumen zu pflücken... und zu Ihnen zu kommen, und Ihnen, sehr Verehrte, Dank zu sagen für eine Stunde der «Stille» inmitten solcher leidvollen Tage. Ich hoffe bald wiederzukommen...*[120]

Um die langweiligen Stunden und Tage zu überbrücken, hatte die Duse für sich etwas Neues entdeckt – sie wurde eine leidenschaftliche Kinobesucherin. Bereits 1914 berichtete die Schriftstellerin Colette, die in Rom zu Besuch war: «In einem dunklen und kühlen Kino hatte ich Zuflucht vor dem römischen Frühling gesucht... Flüsternd sagte mir eine Freundin: ‹Hinter uns, die Dame in Schwarz, das ist Eleonora Duse.› ... Dieses berühmte Gesicht... folgte den Ereignissen eines schlechten Films mit dem Ausdruck höchster, zarter, vertrauensvoller Naivität.»[121]

Das Medium Film faszinierte die Duse, und schon bald spielte sie mit dem Gedanken, ihr bedrückendes untätiges Leben zugunsten eines Filmprojekts aufzugeben. Außerdem hoffte sie, auf diese Weise ihre verzweifelte finanzielle Lage zu verbessern. Sie lehnte etliche ihr angebotene Stoffe und Drehbücher ab, die Verhandlungen mit David Wark Griffith, dem berühmtesten amerikanischen Regisseur der damaligen Zeit, mit dem die Duse gern zusammengearbeitet hätte, scheiterten. Doch als man ihr die Rolle der Mutter in der Verfilmung des Romans «Cenere» («Asche») der sardischen Erzählerin Grazia Deledda anbot, stimmte sie zu, nachdem sie den Text aufmerksam studiert hatte.

Der Roman erzählt die Geschichte der armen Oli Derois, der Tochter eines Bahnwärters, die von einem Bauern einen unehelichen Sohn bekommt. Als dieser heranwächst, schickt sie ihn zu seinem wohlhabenden

Plakat für den Film «Cenere»

Vater, damit er eine gute Ausbildung erhält und nicht mehr in ihrer Nähe leben muß. Denn Oli muß, um zu überleben, als Prostituierte arbeiten. Nach Jahren kommt der Sohn, der sie verzweifelt gesucht hat, zu ihr zurück. Mittlerweile ist er promovierter Jurist und steht kurz vor der Heirat mit der Tochter seines reichen Paten. Auf all das will er verzichten, um mit seiner Mutter zu leben. Er weiß, daß seine Braut die Schwiegermutter auf Grund ihrer Vergangenheit niemals ins Haus nähme. Um ihrem Sohn den gesellschaftlichen Abstieg zu ersparen, tötet sich Oli. Nach dem

Aus dem Film «Cenere»

Die Duse mit dem Theaterkritiker Renato Simoni

Selbstmord der Mutter öffnet der Sohn das Amulett, das Oli ihm umhängte, bevor sie ihn als Kind fortschickte. Das Medaillon enthält lediglich Asche («Cenere») als Sinnbild der Vergänglichkeit des Lebens.

Der Film behandelt den Schluß des Romans, die Wiederkehr des Sohnes, die langen Gespräche zwischen ihm und der Mutter und Olis Opfer. Die Rolle der leidenden, entsagenden Mutter, der geläuterten edlen Sünderin gefiel Eleonora Duse. Die Geschichte, die Sprache Grazia Deleddas, besonders die lyrischen Landschaftsbeschreibungen begeisterten sie. Sie machte sich sofort voller Freude und neuer Energie an die Arbeit. Die Duse verfaßte den Rohentwurf des Drehbuchs selbst, das endgültige Skript dann zusammen mit einem professionellen Drehbuchautor. Auch war sie begierig, alle technischen Dinge des Filmens zu lernen, diskutierte lange und ausführlich mit dem Regisseur Arturo Ambrosio, hat während der Dreharbeiten entscheidend bei der Regie mitgewirkt.

Doch kurz vor dem Vertragsabschluß zögerte sie noch einmal; sie hatte Angst, nach einer langen Phase der Zurückgezogenheit erneut ins Rampenlicht zu treten: *Heute wird nicht die Unterschrift des Vertrags stattfinden, aber bestimmt die Zusage, und seit heute morgen sitzt mir auch wieder die alte Angst im Herzen! Warum wieder kämpfen? In die Welt zurückkehren, wo ich so viel gekämpft habe, daß mich allein das Wort Kunst schon verstimmt!... Heute fühle ich mich klein und verloren, es wird mir schwer zu leben.*[122] Aber nach Unterzeichnung des Vertrags gestand sie ihrer Tochter, wie froh sie war, endlich wieder zu arbeiten, daß sie unter ihrer Untätigkeit so sehr gelitten, viele qualvolle, schlaflose Nächte deshalb durchlebt hatte.

Im Juli 1916 begannen die Dreharbeiten. Eleonora Duse lebte auf; sie begutachtete die Probeaufnahmen im Studio, nahm an jedem Schneidetermin teil, stand gegen vier Uhr auf, damit die Szenen im frühen Morgenlicht gedreht werden konnten. Begeistert berichtete sie ihrer Tochter Enrichetta: *Es ist sehr interessant im Studio! Welch eine Welt! Am Morgen wurde mir das gesamte Personal vorgestellt, 204 Leute arbeiten an meinem Film... Ich glaube zu träumen; meine Seele kehrt zu mir zurück! Ah! Wer weiß, was ich an meiner Seele in den fünf Jahren ohne Arbeit verloren habe...*[123]

Die eigentliche Filmarbeit bereitete ihr dann erhebliche Mühe, die Duse war es nicht gewohnt, im Freien zu agieren. Voller Sorgen und Selbstzweifel schrieb sie an Febo Mari, der ihren Sohn spielte: *Die erste Probe gestern hat mich ganz verwirrt, mitten im schönsten Feld, allein zwischen Bohnen und Lupinen... Rücken Sie mich in den Schatten! Rücken Sie mich in den Schatten, ich bitte Sie. Die Stelle mit den Händen... im Prolog entspricht dem, was ich fühle darstellen zu können. Ein Film voller Sonne jedoch wie der gestrige, auch wenn er nur probeweise gemacht wird, kann nicht gelingen mit mir – dessen bin ich sicher.*[124]

Eleonora Duse in Meran, 1921

Im Juni 1917 kam «Cenere» in die Kinos; der Film blieb recht unbeachtet und war kein finanzieller Erfolg. Eleonora Duse zeigte sich allerdings von dem fertigen Film so angetan, daß sie alle Anstrengungen und Ängste während der Dreharbeiten vergaß und sofort an die Realisierung des nächsten Filmprojekts dachte. Diesmal sollte das Drama, das ihr am mei-

sten am Herzen lag, den Stoff hergeben: Ibsens «Die Frau vom Meere».
Bei den Vorbereitungen in Alassio traf sie ihre frühere Köchin wieder,
Rosetta hatte ein Baby, und der Mann war an der Front. Eleonora Duse
blieb länger, um die junge Frau zu trösten, wie sie Enrichetta berichtete:
Der ganze Krieg liegt auf dem Rücken der Frauen, die ihn ertragen müs-
sen... Wieviel Kummer bleibt unbekannt... manchmal, nachts, glaube
ich, daß irgendein Soldat nach mir ruft.[125]

Der Krieg verhinderte die Ausführung des nächsten Films; außerdem
wurde ihre Idee, wie auch alle späteren Vorschläge, als nicht publikums-
wirksam genug von den Filmgesellschaften abgelehnt. Die erneute Untätigkeit ließ Eleonora Duse bald wieder hinfällig, krank und unzufrieden
werden. Häufig zog sie sich in das Städtchen Asolo in den Voralpen zurück, das sie liebte, *weil es schön und still ist, ein Land der Spitzen und der*
Poesie, weil es nicht weit von Venedig ist, das ich anbete, weil dort gute
Freunde leben, weil es zwischen dem Grappa und dem Montello liegt...
Hier wird mein Zufluchtsort im hohen Alter sein, und hier wünsche ich
begraben zu werden.[126]

Am 22. August 1917 starb der Bankier Robert Mendelssohn, der Ver-
mögensverwalter der Duse, in Berlin. Seine Witwe, die immer eifersüch-
tig auf die Duse gewesen war, brach jeden Kontakt mit ihr ab. Eleonora
Mendelssohn, ihr Patenkind, später selbst eine berühmte Schauspielerin,
mußte die Duse heimlich besuchen. In ihrem Kummer um den guten
Freund Mendelssohn wurde Eleonora von Arrigo Boito getröstet, der
selbst gefährlich erkrankt war, täglich schwächer wurde und sich von den
Kriegsereignissen sehr bedrückt fühlte.

Anfang 1918 schrieb ihm die Duse einen besorgten, liebevollen Brief:
Strengen Sie sich für mich nicht an, ich hoffte und fragte nicht nach einer
Antwort... Machen Sie sich keine Sorgen wegen der gestrigen Temperatur.
Ein bißchen Fieber ist gut, weil es ein Zeichen der Reaktion auf das Übel ist
– was dann sehr schnell verschwindet, sehr schnell – Sie haben so vielem
widerstanden! Wie die tapferen Soldaten der Welt – denn wir befinden uns
alle im Krieg und alle an der Front! Schreibt nicht, denkt nicht an traurige
Dinge – Der Sieg muß uns allen gehören...[127]

Am 10. Juni 1918 starb Arrigo Boito, die Duse war verzweifelt: *...oh,*
ich habe es so lange gewußt – auch er hat es gewußt – und er hat so gelit-
ten... das war mein Leben und mein Kummer – und meine Liebe – oh!
wieviel Liebe habe ich gebraucht, um diese Liebe zu meistern –.[128]

Die Duse erholte sich bei einer Freundin in Rom ein wenig. Im September erhielt sie die Nachricht, daß ihr Mann Tebaldo Checchi in Lissabon
gestorben war; er hatte ihr und der Tochter Enrichetta recht viel Geld
hinterlassen. Erst nach langem Zögern entschloß sich Eleonora Duse, das
Erbe anzutreten; es erschien ihr als Unrecht, nach 30 Jahren des Ge-

Blick auf Asolo mit dem Wohnhaus Eleonora Duses (x)

trenntlebens von dem Mann, den sie verlassen hatte, Geld anzunehmen. Doch ihr Anwalt redete ihr gut zu, angesichts ihrer eigenen mehr als bedenklichen finanziellen Situation die Erbschaft zu akzeptieren.

Während des Kriegs hatte die Duse ihre Tochter und ihren Schwiegersohn beraten, als die beiden eine Anthologie der italienischen Dichtung vom 18. Jahrhundert bis zur Gegenwart zusammenstellten. Sie schlug bestimmte Dichter vor, las wieder all ihre Lieblingsgedichte von Dante, Carducci und Pascoli, schrieb viele Werke ab und schickte sie nach England.

Im Vorwort des Buchs dankt Edward Bullough seiner berühmten Schwiegermutter.

Im Mai 1919, kurz nach Beendigung des Kriegs, konnte die Duse endlich nach Cambridge fahren. Sie blieb nur sieben Wochen, obwohl sie einen Aufenthalt von mehreren Monaten geplant hatte. Sie genoß zwar die Zeit mit Enrichetta, dem Schwiegersohn Edward und den beiden Enkelkindern, aber das rauhe englische Klima bekam ihr so schlecht, daß sie froh war, als sie im Juli wieder die italienische Sonne fühlte. Doch sie kränkelte ständig, fühlte sich häufig so elend, daß sie selbst ihre Freunde nicht sehen konnte.

Verzeiht mir, wenn ich mich verstecke, denn, ich wiederhole Euch, meine Seele ist verwirrt, und ich brauche nichts als Alleinsein und Stille... es ist ein Beweis von Liebe, wenn ich Euch sage: laßt mich allein.[129] Lange schon hatte sich die Duse eingestanden, daß sie nur durch Arbeit wieder zufriedener werden, ihre seelische Stabilität wieder erlangen konnte. Noch schreckte sie zurück: *Wann werde ich endlich etwas Ruhe haben? Ich stehe immer im Zugwind, beschließe ich zu arbeiten, befällt mich ein Zittern, beschließe ich zu pausieren, sterbe ich vor Trägheit.*[130]

Doch Ende 1920/Anfang 1921 sah sie sich gezwungen, wieder Theater zu spielen. Sie hatte sich ein kleines Haus in ihrem geliebten Asolo gekauft, der Rest ihres Vermögens war infolge der Inflation in Deutschland arg zusammengeschrumpft. Der verbliebene Betrag, der sie aus Berlin erreichte, erlaubte kein untätiges Leben mehr.

Noch einmal im Rampenlicht (1921–24)

Am 5. Mai 1921 kehrte Eleonora Duse als Ellida in «Die Frau vom Meere» im Turiner Teatro Balbo zur Bühne zurück. Die Zuschauer im ausverkauften Haus bereiteten ihr einen triumphalen Empfang. Sie hatte die Inszenierung sorgfältig geplant und sich der Hilfe der Malerin Natalia Gontscharowa versichert, die ihr die Kostüme entwarf, Kostüme, die das Symbolische, Poetische der Ellida, so wie die Duse sie verstand, unterstreichen sollten, die zeigen sollten, welche Faszination das Meer auf die Ibsensche Titelgestalt ausübte. *Ibsen – Ibsen – Ibsen – die «Frau vom Meer» – die Rolle der Ellida... Die zwei Kleider müssen an das Meer erinnern. Gleichgewicht! Harmonie! Das Meer mit seinen Farben und seinen tiefblauen Reflexen – violett, violett, dunkelviolett – schimmernde Schaumkronen – Etwas Weißes – hier und da – und ein Kollier, eins der Kleider aus blauen Perlen...*[131]

Viel Prominenz war erschienen, um das Wiederauftreten der Duse zu erleben und zu feiern, auch viele Schauspieler. Febo Mari, der in dem Stummfilm «Cenere» ihren Sohn gespielt hatte und mit dem sie seitdem freundschaftlich verbunden war, befand sich unter den Zuschauern. Der berühmte Theaterkritiker Silvio D'Amico war aus Rom angereist und nahm nicht an der am selben Abend dort stattfindenden Uraufführung von Luigi Pirandellos Schauspiel «Sechs Personen suchen einen Autor» teil. Gabriele D'Annunzio hatte seinen Sohn Gabriellino geschickt. Unter den Zuschauern fanden sich alte Verehrer, die schon vor 1909 von der Kunst der Duse geschwärmt hatten, und junge Leute, die bis dahin immer nur von der berühmten Schauspielerin hatten reden hören. Und alle einte die Begeisterung, wie Eduard Schneider, der Freund und Biograph der Duse, feststellte: «Hochrufe und Blumen flogen ihr zu, einstimmige Dankbarkeit, aller Augen waren naß; die Menge hatte begriffen, welch ein Kleinod ihr da zurückgegeben war.»[132]

Von Turin aus fuhr die Duse nach Mailand, wo sich ihr Triumph als Ellida wiederholte. Wenige Tage später spielte sie dort in Marco Pragas Ehebruchsdrama «La porta chiusa» («Die geschlossene Tür»). Das Stück war schon etliche Jahre alt, aber neu im Repertoire der Duse; die Rolle

Zeitgenössische Karikatur der Duse

einer Frau, die den Betrug an ihrem Mann durch Jahre aufopfernder Mutterliebe wiedergutmacht, entsprach ihrem Gefühl und kam ihrer Darstellungsart und ihrem Alter entgegen. Doch auch als junge Ellida und als Anna in D'Annunzios «Die tote Stadt», das sie wieder aufnahm, überzeugte sie. Wenn Eleonora Duse erst einmal die Bühne betreten und zu spielen begonnen hatte, vergaßen die Zuschauer ihre gealterte äußere

Erscheinung. Man glaubte der grauhaarigen, bleichen, stets unge-schminkten Schauspielerin, die ungeschnürt, in schlichten, glatt fallenden Kleidern auftrat, völlig verzaubert alle Rollen – auch die, für die sie ei-gentlich zu alt war.

«Wenn sie die Bühne betritt, stellt sie es dem Zuschauer anheim, sein Opernglas zu benützen und alle Falten zu zählen, die Zeit und Sorge in ihr Antlitz gegraben haben. Es sind die Beglaubigungsschreiben ihrer Menschlichkeit, und sie ist nicht so unklug, jene bedeutsame Schrift mit einer Schicht Pfirsichschminke abzudecken. Die Schatten auf ihrem Ge-sicht, zuweilen auch ihre Lippen, sind grau, nicht rosenfarbig; sie kennt weder Farbenkleckse noch Grübchen... Aber mit einem Beben der Lip-pen, das man mehr fühlt als sieht und das nur einen halben Augenblick dauert, greift einem die Duse geradewegs ans Herz. Und es ist keine Linie in ihrem Antlitz, kein kalter Ton in dem grauen Schatten, der jenes Beben nicht erhöhte»[133], schrieb George Bernard Shaw.

Der junge Schriftsteller Tommaso Gallarati Scotti hatte im Sommer 1922 auf den Wunsch der Duse hin für sie das Drama «Così sia» («So sei es») geschrieben, wieder eine Geschichte um eine leidende Frau. Obwohl das Stück im Dezember desselben Jahres in Rom durchfiel, hielt die Duse daran fest. Nach dem Mißerfolg klagte die Duse der Schriftstellerin Si-billa Aleramo: *Das was der Kunst not tut, ist nicht ein Interpret, sondern ein künstlerisches Theater, und es gibt in Italien kein Theater.*[134]

Als Benito Mussolini, seit dem Marsch auf Rom im Oktober 1922 Mini-sterpräsident Italiens, die Duse im Dezember kurz nach der gescheiterten Premiere von «Così sia» in ihrem Hotel aufsuchte, hoffte sie, daß er etwas für das italienische Theater tun könnte. Mussolini galt als theaterbegei-stert, er hatte als junger Mann selbst ein Schauspiel über den Politiker Cavour geschrieben, und er zeigte Eleonora Duse seine tiefe Verehrung. Nach einem längeren Gespräch bat er die Duse, ihre Vorstellungen über mögliche Förderungsmaßnahmen für das italienische Theater in knapper, übersichtlicher Form aufzuschreiben und ihm zuzuschicken.

Eleonora Duse hat diesen Entwurf nie verfaßt, denn sie war von dem Gespräch mit Mussolini enttäuscht, außerdem fühlte sie sich von seiner Physiognomie abgestoßen. Der Ministerpräsident vergaß die Sache recht schnell wieder. Als er dann später von Gabriele D'Annunzio, der für die faschistische Partei im Land herumreiste und agitierte, von den großen finanziellen Problemen der Duse erfuhr, bot er ihr eine Pension an. Sie lehnte ab, sie wollte keine Pension, sie wünschte sich Unterstüt-zung für ihre Truppe, womöglich ein eigenes Theater – denn sie wollte spielen!

Im Sommer 1922 hatte die Duse sich in Mailand mit Gabriele D'An-nunzio getroffen, um mit ihm geschäftlich zu verhandeln. Sie wollte «La

Benito Mussolini

città morta» wieder in ihr Repertoire aufnehmen und benötigte für die
von ihr vorgesehenen Kürzungen die Zustimmung des Autors, die ihr
auch gewährt wurde.

Um dieses Wiedersehen ranken sich sentimentale Legenden. Die
Duse und D'Annunzio sollen sich zufällig im Hotel begegnet sein – eine
Geschäftsbesprechung hat so gar nichts Romantisches –, von Gabriele
D'Annunzio wird erzählt, er habe beim Anblick Eleonoras gerufen:
«Wie sehr haben Sie mich geliebt!»[135] Olga Signorelli berichtet, die Duse
habe ihr später gesagt: *Und ganz für mich dachte ich: das ist ein Mann,
der noch Illusionen hat. Wenn ich ihn wirklich, als wir uns trennten, so
geliebt hätte, wie er glaubt, dann wäre ich gestorben. Aber statt dessen war
ich fähig zu leben.*[136]

Kurz nach der Begegnung stürzte D'Annunzio aus einem Fenster seiner Villa Vittoriale am Gardasee, und man hörte, er wäre lebensgefähr-
lich verletzt. Die Duse eilte sofort zu ihm und konnte erleichtert feststellen, daß es D'Annunzio gut ging. Danach haben sich die beiden ehemals
Liebenden nicht mehr gesehen; denn Eleonora Duse ging im Oktober

1922 auf eine Tournee durch Italien und ab Juni 1923 auf eine letzte große Gastspielreise ins Ausland.

Nicht zuletzt aus finanziellen Gründen hatte sie zugesagt, nach England auf eine Gastspielreise zu gehen. Sie schrieb am 14. Mai 1923 an ihre Freundin Olga Signorelli: *Für Juni habe ich ein Angebot aus London gehabt, und um nicht an Entkräftung zu sterben, habe ich es angenommen. Ich werde also im Juni in London sein, und vielleicht werde ich nach noch ein paar Maitagen wieder ein wenig zu Kräften kommen. All die notwendigen Auslagen, mein Gott, liebe Olga, was für ein Klotz am Bein ist eine Truppe, wenn man nicht spielen kann! Ich habe noch eine Anleihe aufgenommen... Ich weiß nicht, wie ich es Dir sagen soll, alles erscheint mir so grausam und unvermeidlich – und, vielleicht, gerecht.*[137]

Während einer Matinee in London, in dem in Italien so viel geschmähten Stück «Così sia», erlebte der Regisseur Rouben Mamoulian, dem eine erfolgreiche Karriere in Hollywood bevorstand, die Faszination, die von der Duse ausgehen konnte. Er sprach von einem Wunder, als er erlebte, wie die alte Schauspielerin innerhalb von wenigen Minuten – ihrer Rolle entsprechend – zu einer schönen jungen Frau wurde, die dann im Laufe des Stücks, wiederum ihrer Rolle gemäß, alterte, obwohl sich «in der äußeren Erscheinung nichts verändert hatte»[138].

Auf London folgte Wien, wo sie als Ellida Kritiker und Zuschauer zu Begeisterungsstürmen hinriß; in der Presse lobte man ihre immer noch faszinierende Stimme, ihre wundervollen Hände, ihre Grazie, ihre Augen, ihre Gesten. Der Rezensent der «Neuen Freien Presse» sprach am 17. Juni 1923 von einer Darstellungskraft, «die den Zuschauer bedingungslos ihrem Banne unterwirft».

Im Oktober 1923 hielt sich Eleonora Duse für einige Tage in Paris auf, wo sie sich mit ihrer Tochter Enrichetta traf, die sie bis Cherbourg begleitete, wo die Schauspielerin an Bord des Schiffs ging, das sie nach Amerika bringen sollte. – *Ich muß abreisen, nach New York – ich muß, aber Gott weiß, welche Angst mich quält. Doch ist es vielleicht die letzte Anstrengung, und meine Seele wird Frieden finden, wenn ich durchhalte bis zum Ende!*[139] Am 16. Oktober traf Eleonora Duse in New York ein, am 29. Oktober gab sie ihre Eröffnungsvorstellung als Ellida in der Metropolitan Opera.

Die Duse spielte auf ihrer Amerika-Tournee Ibsens «Die Frau vom Meere» und seine «Gespenster», Gallarati Scottis «Così sia», das hier, im Gegensatz zu Italien, begeisterte Zuschauer fand, Marco Pragas bürgerliches Schauspiel «La porta chiusa» und Gabriele D'Annunzios «La città morta». Sie spielte zweimal die Woche, um sich nicht zu überanstrengen, aber sie erschöpfte sich in den ersten fünf Wochen, die sie in New York auftrat, schon sehr.

Die Duse 1923 in London

Auch in Amerika gab es Zuschauer, die ängstlich auf die Duse warteten, so zum Beispiel die Schauspielerin Irene Triesch, die sie als Ellida erlebte und darüber berichtete, wie sie zunächst über das Aussehen der Duse so sehr erschrak, daß sie weinen mußte, doch nach kurzer Zeit alle

Das Century Theatre in New York

Äußerlichkeiten vergaß und das Schauspiel gebannt verfolgte, fasziniert von der Stimme und dem Gesicht der Duse: «... dieses bleiche, abgehärmte, tragische Gesicht war von seltener beseelter Schönheit – wunderbar vergeistigt.»[140] Die amerikanischen Kritiker waren nicht alle so enthusiastisch wie das Publikum, einige tadelten ihr Repertoire als langweilig und ermüdend; doch die meisten Rezensenten jubelten ihr zu wie immer.

Von New York aus ging es nach Baltimore, Philadelphia, Washington und Boston, von wo aus Eleonora Duse an Enrichetta schrieb: *Deine Mutter arbeitet und tut alles, was in ihren Kräften steht, um das Schiff in Gang zu halten – ja, der Erfolg... ist riesig. Vielleicht erlaubt mir Gott, Dir eines Tages davon zu erzählen –, aber jetzt bin ich mitten drin und muß weitermachen...*[141] Von Boston nach Chicago, von Chicago nach New Orleans, von New Orleans nach Los Angeles – eine anstrengende Reise für die kranke Duse, die mehrmals völlig erschöpft in ihren Hotelzimmern zusammenbrach, nach Luft rang und nicht mehr daran glaubte, jemals wieder auftreten zu können. Doch nach kurzer Ruhepause stand sie wieder auf der Bühne oder saß im Zug, um in die nächste Großstadt zu fahren.

Am 19. Februar 1924 eröffnete die Duse ihr Gastspiel in Los Angeles als reuevolle, geläuterte Ehebrecherin in Marco Pragas «La porta chiusa»

Das Syria Mosque Theatre in Pittsburgh

Hotel Schenley in Pittsburgh

Das letzte Foto der Duse, aufgenommen 1924 in New York

die Kritik für die «Los Angeles Daily Time» schrieb Charlie Chaplin: «Sie ist augenscheinlich und offen gestanden eine sehr alte Frau; aber es ist etwas an ihr, das an ein mitfühlendes Kind gemahnt. Ich glaube, das liegt an der Schlichtheit ihrer Kunst... hinter dem Kind steht ein großes Herz mit viel Erfahrung... Und die Summe alles dessen ist natürlicherweise der vollkommene Künstler: die schlichte, gerade Kinderseele; der technisch erfahrene Handwerker; das Herz, das in menschlichem Mitfühlen unterwiesen wurde, und der scharfe analytische Verstand des Psychologen. Die Bernhardt war immer überlegt und mehr oder weniger künstlich. Die Duse ist direkt und außerordentlich...»[142]

Aus San Francisco, vom 7. März 1924, erhielt Enrichetta den letzten Brief ihrer Mutter, in dem sie auf ein Wiedersehen hoffte: *Meine Tochter. Vielleicht habe ich genug gelitten, um sagen zu dürfen, daß ich hoffe, Dich wiederzusehen... Von Januar an, den ganzen Februar hindurch, war das Leben hart. Hier wird mir jetzt ein wenig Erholung gegönnt... Es ist mir unmöglich, die äußeren und inneren Vorgänge in einem Brief zu erzählen. Laß uns hoffen – hoffen miteinander zu sprechen! – von hier aus wird es ein langer Weg bis New York sein... Ich hoffe, die Kraft zu haben, alles zu tun – und Dich wiederzufinden. Ich hoffe, Du kommst, um mich in Frankreich zu treffen, und dann wollen wir gemeinsam nach Asolo fahren!!*[143]

Die langen Zugfahrten strengten Eleonora Duse sehr an und schadeten ihrer Gesundheit, besonders der häufige Klimawechsel. Ihre Zofe Maria Avogardo berichtete: «Sie mochte die amerikanischen Städte gar nicht, des rauhen Klimas wegen, und sehnte sich nach dem Ende der Reise und nach ihrer schönen italienischen Sonne.»[144] Am 18. März telegrafierte die Duse an Freunde, um ihre baldige Abreise nach New York – und das hieß auch: nach Italien – anzuzeigen.

Zuvor mußte noch in Detroit, wo die Schauspieler Mary Pickford und Douglas Fairbanks unter den Zuschauern saßen, und in Pittsburgh gespielt werden. Pittsburgh, *die häßlichste Stadt der Welt*[145], erreichte sie am 1. April; am 5. April erkrankte sie an einer schweren Lungenentzündung, weil sie etliche Minuten in strömendem Regen vor dem verschlossenen Syria Mosque Theatre gestanden hatte. Über zwei Wochen lag die Duse mit hohem Fieber in ihrem Zimmer im «Schenley Hotel»; die Zeitungen veröffentlichten täglich die neuesten Berichte über ihren Gesundheitszustand. Auch über die letzten Lebenstage Eleonora Duses existiert ein Bericht ihrer Zofe Maria Avogardo: «Gleich in der ersten Woche hat sie ihr Ende kommen sehen und hat gefleht, man möchte sie nicht in Amerika sterben lassen... fortwährend wollte sie wissen, wieviel Stunden es noch bis zur Abfahrt wären... Am 21. April, um zwanzig Minuten nach zwei Uhr in der Nacht, richtete sie sich mit Macht im Bett auf und stützte sich dabei auf die geballten Fäuste, um dem armen Körper Halt zu geben. Dann sah sie Fräulein Désirée und mich fest an und fragte, warum wir uns denn nicht rührten: *Was steht ihr da und tut nichts? Wir fahren gleich ab.*

Das Schiff «Duilio», mit dem der Leichnam der Duse von Amerika nach Italien gebracht wurde

An die Arbeit, an die Arbeit! Noch immer war ihre Stimme schön. Plötzlich befiel sie ein heftiger Schüttelfrost. *Deckt mich zu!* bat sie. Zehn Minuten später war sie tot. Ihre letzten Worte waren: *Abreisen – schaffen – deckt mich zu!*[146]

> ach, das ferne Land,
> wo vom Schimmer der Seen
> die Hügel warm sind,
> zum Beispiel Asolo, wo die Duse ruht,
> von Pittsburgh trug sie der ‹Duilio› heim,
> alle Kriegsschiffe, auch die englischen,
> flaggten halbmast,
> als er Gibraltar passierte –[147]

Nach Totengottesdiensten in Pittsburgh und New York, wo der Andrang so groß war, daß Eintrittskarten ausgegeben werden mußten, nach

Die Beerdigung Eleonora Duses in Asolo

der Überfahrt auf dem italienischen Überseedampfer «Duilio» und Gottesdiensten in Neapel und Rom wurde Eleonora Duse ihrem Wunsch gemäß auf dem kleinen Friedhof Sant' Anna in Asolo am 13. Mai 1924 begraben.

Eleonora Duse wurde auf der Reise geboren und ist auf der Reise gestorben. In einem Interview, das am 19. September 1923 in der Wiener «Neuen Freien Presse» abgedruckt wurde, hatte die Duse geäußert: *Wünschen Sie mir, daß ich bis zu meiner letzten Stunde arbeiten könne. Der Rest, das heißt das Erzählen meines Lebens, interessiert mich gar nicht.*

Anmerkungen

1 Rainer Maria Rilke: Sämtliche Werke. Bd. 1. Gedichte. Erster Teil. Frankfurt a. M. 1955. S. 608

2 Bianca Segantini und Francesco von Mendelssohn (Hg.): Eleonora Duse. Bildnisse und Worte. Berlin 1926. S. 122

3 Ebd., S. 84

4 Alfred Kerr: Die Welt im Drama. Köln–Berlin 1954. S. 459

5 Segantini/Mendelssohn, a. a. O., S. 64f

6 Ebd., S. 133

7 Ebd., S. 3

8 Eduard Schneider: Eleonora Duse. Erinnerungen, Betrachtungen und Briefe. Leipzig 1927. S. 10

9 Ludwig Marcuse: Argumente und Rezepte. Ein Wörter-Buch für Zeitgenossen. Zürich 1973. S. 18

10 Gabriele D'Annunzio: Feuer. München o. J. S. 304f

11 Ebd., S. 318f

12 Herman Bang in: Segantini/Mendelssohn, a. a. O., S. 72, 74

13 William Weaver: Duse. A Biographie. San Diego–New York–London 1984. S. 26

14 Ebd.

15 Ebd., S. 30

16 Olga Resnevic-Signorelli: Eleonora Duse. Leben und Leiden der großen Schauspielerin. Berlin o. J. S. 32

17 Weaver, a. a. O., S. 36

18 Cesare Molinari: Theater. Die faszinierende Geschichte des Schauspiels. Freiburg i. B.–Basel–Wien 1975. S. 264

19 Resnevic-Signorelli, a. a. O., S. 37

20 Eleonora Duse: Briefe. Gütersloh 1952. S. 9f

21 Resnevic-Signorelli, a. a. O., S. 35

22 Ebd., S. 29

23 Weaver, a. a. O., S. 39

24 Resnevic-Signorelli, a. a. O., S. 7f

25 Duse: Briefe, a. a. O., S. 25

26 Resnevic-Signorelli, a. a. O., S. 41f

27 Giovanni Pontiero (Hg.): Duse on Tour. Guido Noccioli's Diaries. 1906–07. Amherst 1982. S. 11

28 Olga Signorelli (Hg.): Lettere di Eleonora Duse a Cesare Rossi (1885–1894). In: Quaderni del Piccolo Teatro. Nr. 3. Mailand 1962. S. 9–27. Hier S. 13 (Brief an Cesare Rossi aus Buenos Aires v. 26. November 1885)

29 Resnevic-Signorelli, a. a. O., S. 45

30 Ebd., S. 46

31 Ebd., S. 48f

32 Weaver, a. a. O., S. 76

33 Ebd., S. 76f

34 Ebd., S. 62

35 Eleonora Duse und Arrigo Boito: Lettere d'amore. Hg. v. Raul Radice. Mailand 1979. S. 31

36 Ebd., S. 309

37 Ebd., S. 310

38 Ebd., S. 796f

39 Weaver, a. a. O., S. 89

40 Segantini/Mendelssohn, a. a. O., S. 16f

41 Hermann Bahr: Eleonora Duse (Führer durch das Gastspiel von Eleonora Duse). 3. Aufl. [1892]. S. 3f (Orthographie und Zeichensetzung normalisiert)

42 Ebd., S. 4

43 Ebd., S. 6

44 Duse: Briefe, a. a. O., S. 32

45 Resnevic-Signorelli, a. a. O., S. 11

46 Weaver, a. a. O., S. 96

47 Duse/Boito: Lettere, a. a. O., S. 805

48 S. Signorelli: Quaderni del Piccolo Teatro, a. a. O., S. 16

49 Resnevic-Signorelli, a. a. O., S. 70

50 Weaver, a. a. O., S. 101f

51 Dora Setti: La Duse com'era. Mailand 1978. S. 114

52 Segantini/Mendelssohn, a. a. O., S. 87

53 Resnevic-Signorelli, a. a. O., S. 54f

54 Duse/Boito: Lettere, a. a. O., S. 815

55 Hugo von Hofmannsthal. In: Segantini/Mendelssohn, a. a. O., S. 40f

56 Ebd., S. 45, 47

57 Duse/Boito: Lettere, a. a. O., S. 906f

58 Ebd., S. 907f

59 Weaver, a. a. O., S. 201

60 Orthographie normalisiert

61 Kerr: Die Welt im Drama, a. a. O., S. 465f

62 Segantini/Mendelssohn, a. a. O., S. 32f

63 S. Weaver, a. a. O., S. 125

64 Segantini/Mendelssohn, a. a. O., S. 48, 50, 52

65 Julius Bab: Kränze dem Mimen. Emsdetten 1954. S. 197

66 Resnevic-Signorelli, a. a. O., S. 84f (Brief v. Juli 1897)

67 Ebd., S. 88f

68 Duse: Briefe, a. a. O., S. 36

69 Julius Bab: Das Theater der Gegenwart. Leipzig 1928. S. 82

70 Segantini/Mendelssohn, a. a. O., S. 137

71 Ebd., S. 133

72 Ebd., S. 138

73 Alfred Kerr: Es sei wie es wolle. Es war doch so schön. Berlin 1928. S. 251

74 Helene von Nostitz: Aus dem alten Europa. Leipzig 1924. S. 142

75 Weaver, a. a. O., S. 227

76 D'Annunzio: Feuer, a. a. O., S. 353

77 Resnevic-Signorelli, a. a. O., S. 96

78 Ebd.

79 Duse: Briefe, a. a. O., S. 40

80 Resnevic-Signorelli: S. 55 (Brief an Carlo Rosaspina v. 3. November 1900)

81 Hugo von Hofmannsthal: Gesammelte Werke in Einzelausgaben. Prosa I. Frankfurt a. M. 1950. S. 75

82 Neue Freie Presse (Wien) v. 23. Februar 1900 (Orthographie normalisiert)

83 Duse: Briefe, a. a. O., S. 47f

84 Bab: Kränze dem Mimen, a. a. O., S. 200f

86 Gabriele D'Annunzio: Carteggio – Duse. Hg. v. Piero Nardi. Florenz 1975. S. 66f

87 Segantini/Mendelssohn, a. a. O., S. 168

88 Duse: Briefe, a. a. O., S. 49

89 Ebd., S. 50

90 Zenta Maurina: Gestalten und Schicksale. Memmingen 1973. S. 189

91 Segantini/Mendelssohn, a. a. O., S. 21f

92 Duse: Briefe, a. a. O., S. 5f

93 Sarah Bernhardt: Mein doppeltes Leben. München 1982. S. 342

94 Duse: Briefe, a. a. O., S. 54f

95 Ebd., S. 55

96 Segantini/Mendelssohn, a. a. O., S. 168

97 Oskar Maurus Fontana. In: Theater-Kalender auf das Jahr 1913. Hg. v. Hans Landsberg u. Arthur Rindt. Berlin 1913. S. 87

98 Adolf Winds: Der Schauspieler in seiner Entwicklung vom Myste-

99 rien- zum Kammerspiel. Berlin 1919. S. 255, 260
99 Weaver, a. a. O., S. 287
100 Setti: La Duse com'era, a. a. O., S. 122
101 Ebd., S. 122f
102 Weaver, a. a. O., S. 284
103 Ebd., S. 289
104 Rainer Maria Rilke: Die Aufzeichnungen des Malte Laurids Brigge. Frankfurt a. M. 1973. S. 212f
105 Fürstin Marie von Thurn und Taxis-Hohenlohe: Erinnerungen an Rainer Maria Rilke. Frankfurt a. M. 1966. S. 61
106 Ebd., S. 63f
107 Ebd., S. 65
108 Walter Rehm: Rilke und die Duse. In: Rehm, Begegnungen und Probleme. Bern 1957. S. 346–460 (Hier S. 397)
109 Schneider: Eleonora Duse, a. a. O., S. 21
110 Resnevic-Signorelli, a. a. O., S. 122
111 Ebd., S. 123
112 Isadora Duncan: Mein Leben, meine Zeit. [o. O.] 1981. S. 197
113 Resnevic-Signorelli, a. a. O., S. 125f
114 Duse: Briefe, a. a. O., S. 61
115 Resnevic-Signorelli, a. a. O., S. 126
116 Ebd., S. 128f
117 Bab: Kränze dem Mimen, a. a. O., S. 205
118 Resnevic-Signorelli, a. a. O., S. 148
119 Weaver, a. a. O., S. 301
120 Resnevic-Signorelli, a. a. O., S. 127
121 Weaver, a. a. O., S. 302f
122 Resnevic-Signorelli, a. a. O., S. 136
123 Weaver, a. a. O., S. 310
124 Resnevic-Signorelli, a. a. O., S. 137f
125 Weaver, a. a. O., S. 313
126 Setti: La Duse com'era, a. a. O., S. 127
127 Duse/Boito: Lettere, a. a. O., S. 981f
128 Weaver, a. a. O., S. 329 (Brief an die Tochter Enrichetta v. 10. Juni 1918)
129 Duse: Briefe, a. a. O., S. 75 (Brief an Sibilla Aleramo aus Neapel, 1920)
130 Maurina: Gestalten und Schicksale, a. a. O., S. 164 (Brief v. 26. November 1920)
131 Resnevic-Signorelli, a. a. O., S. 156f
132 Schneider: Eleonora Duse, a. a. O., S. 25
133 In: Segantini/Mendelssohn, a. a. O., S. 52, 54
134 Duse: Briefe, a. a. O., S. 78
135 Weaver, a. a. O., S. 344
136 Ebd.
137 Resnevic-Signorelli, a. a. O., S. 169
138 Weaver, a. a. O., S. 349
139 Resnevic-Signorelli, a. a. O., S. 170
140 Segantini/Mendelssohn, a. a. O., S. 156
141 Weaver, a. a. O., S. 354
142 Ebd., S. 356
143 Ebd., S. 357
144 Schneider: Eleonora Duse, a. a. O., S. 139
145 Weaver, a. a. O., S. 358
146 Schneider: Eleonora Duse, a. a. O., S. 139f
147 Gottfried Benn: Gesammelte Werke. Bd. 3. Gedichte. 3. Aufl. Wiesbaden 1966. S. 183

Zeittafel

1858	3. Oktober: Eleonora Duse in Vigevano in der Lombardei geboren. 5. Oktober: Taufe auf die Namen Eleonora Giulia Amalia
1862	Erstes Auftreten auf der Bühne in Chioggia als «Cosette» in «Die Elenden» von Victor Hugo
1870	Erkrankung der Mutter. Eleonora übernimmt deren Rollen
1873	Eleonora Duse spielt die «Julia» in «Romeo und Julia» in der Arena von Verona
1875	Tod der Mutter
1879	Mitglied der Truppe Emanuel-Pezzana in Neapel. Liebe zu Martino Cafiero
1880	Geburt eines unehelichen Sohnes, der kurz darauf stirbt. Mitglied der Gruppe Cesare Rossi in Turin
1881	7. September: Heirat mit Tebaldo Checchi (eigentlich Marchetti)
1882	7. Januar: Geburt der Tochter Enrichetta. Gastspiel Sarah Bernhardts in Turin. Die Duse übernimmt Stücke aus dem Repertoire der Bernhardt
1884	Januar: Spielt die Santuzza in Vergas «Cavalleria rusticana». Bekanntschaft mit Arrigo Boito
1885	Tournee in Südamerika. Liebesaffäre mit Flavio Andò. Trennung von Tebaldo Checchi
1886	Dezember: Eleonora Duse verläßt die Truppe Cesare Rossis
1887	Gründung einer eigenen Schauspieltruppe zusammen mit Flavio Andò. Boito übersetzt für die Duse «Antonius und Cleopatra» von Shakespeare
1889/90	Tournee in Ägypten und Spanien
1891	Die Duse nimmt «Ein Puppenheim» von Ibsen in ihr Repertoire auf (Premiere am 9. Februar 1891 in Mailand). Tournee in Rußland (bis Februar 1892)
1892	Tournee in Österreich und Berlin
1893	Tournee in Nordamerika, England, Ungarn, Österreich und Deutschland (Berlin, Hamburg)
1894	Tournee in Deutschland und Gastspiel in London. Bezieht eine Wohnung im Palazzo Wolkoff in Venedig. Bekanntschaft mit Gabriele D'Annunzio
1895	Tournee in den Niederlanden, in Belgien, Deutschland, England, Österreich, Dänemark, Schweden
1896	Tournee in Nordamerika. Gastspiel in Berlin und St. Petersburg

1897	Gastspiel in Paris am Theater Sarah Bernhardts (Théâtre de la Renaissance). 15. Juni: Uraufführung von D'Annunzios «Der Traum eines Frühlingsmorgens»
1898	Tournee in Frankreich, Portugal, Ägypten, Griechenland, Italien, der Schweiz, in Ungarn, Rumänien, Österreich, Gastspiel in Berlin
1899	15. April: Uraufführung von D'Annunzios «La Gioconda» in Palermo
1900	Gabriele D'Annunzios Roman «Feuer» erscheint. Tournee in Österreich, der Schweiz, in Deutschland, Portugal, Spanien
1901	Tournee in Frankreich und Italien (ausschließlich mit «Die tote Stadt» von D'Annunzio)
1902	Oktober: Tournee in den USA (bis 23. Januar 1903)
1903	Gastspiele in Wien, Zürich, München, London
1904	Tournee in Frankreich, Österreich, Ungarn, Deutschland. 2. März: Uraufführung von d'Annunzios «Jorios Tochter» in Mailand mit Irma Grammatica, da Eleonora Duse erkrankt ist. Bruch mit Gabriele D'Annunzio
1905	Tournee in Paris, London, Belgien, der Schweiz
1906	Tournee in Belgien, den Niederlanden, Dänemark, Schweden, Norwegen, Österreich, Italien
1907	Tournee in Frankreich, Österreich, Ungarn, Südamerika, Deutschland. Gastspiel in St. Petersburg
1908	Gastspiel in Moskau. Tournee in Österreich und Deutschland. Heirat der Tochter Enrichetta mit Edward Bullough
1909	Gastspiel in Wien und Berlin. 25. Januar: Abschied von der Bühne in Berlin als Ellida in Ibsens «Die Frau vom Meere»
1912	Begegnung mit Rainer Maria Rilke in Venedig. Bekanntschaft mit Eduard Schneider
1914	27. Mai: Eröffnung des «Heims für Schauspielerinnen» in Rom, das Eleonora Duse gegründet hatte
1915	Bekanntschaft mit Olga Resnevic-Signorelli
1916	Die Duse wirkt im Stummfilm «Cenere» («Asche») mit, gedreht nach einem Roman von Grazia Deledda
1918	10. Juni: Tod Arrigo Boitos
1919	Besuch bei der Tochter Enrichetta in Cambridge
1921	5. Mai: Rückkehr auf die Bühne in Turin als Ellida in «Die Frau vom Meere». Tournee in Italien
1922	Wiederbegegnung mit D'Annunzio. Tournee in Italien
1923	Gastspiel in Wien, London. Tournee in Nordamerika
1924	5. April: Letzter Auftritt in Pittsburgh. 21. April: Eleonora Duse stirbt dort. 13. Mai: Beerdigung in Asolo

Zeugnisse

Eugen Zabel
...sie steht im Widerspruch mit den gewöhnlichen Begriffen von Schönheit und Weiblichkeit, und doch hat sie bei den Zuschauern alle Nerven und Sinne für sich in Anspruch genommen. Von dem ersten Augenblick, als sie zu spielen begann, hatte man vergessen, daß man im Theater war. Niemand dachte daran, daß die Absicht einer holden Täuschung durch verkleidete Personen vorliege. Jeder sah vielmehr in Wirklichkeit einen Menschen leben, lieben und leiden.

«Die italienische Schauspielkunst in Deutschland». 1893

Lou Andreas-Salomé
Der Begeisterungssturm, den Frau Duse während ihres Berliner Gastspiels entfesselt hat, ist ein derartig überschwenglicher, aller Grenzen spottender, jegliches Maß übersteigender gewesen, daß es fast peinlich ist, in gemäßigtem Ton von ihr zu sprechen... Denn es handelt sich dabei in der Tat um etwas wie ein Wunder, – nicht bloß um das, wodurch die Eigenart einer Duse vielleicht von der Eigenart anderer guter Künstler absticht, nicht bloß um die Italienerin neben den Deutschen, sondern um das Nochnichtdagewesene, außer Vergleich Stehende, um das Wunder einer wahrhaften Verschmelzung von Schein und Sein zu naturwahrer Lebenswirklichkeit.

«Freie Bühne für den Entwicklungskampf der Zeit». 1893

George Bernard Shaw
Die Duse erzeugt die Illusion, in der Mannigfaltigkeit schöner Posen und Bewegungen unerschöpflich zu sein. Jede Idee, jeden Schatten eines Gedankens und einer Stimmung weiß sie zart, aber lebendig auszudrücken. Obwohl die Duse scheinbar über eine Million von Modulationen verfügt, ist es unmöglich, auch nur eine Linie eines stumpfen Winkels oder auch nur die kleinste Anstrengung zu bemerken, die auf die völlige Hingabe aller Glieder an die lieblichste Anmut (wie nach einem natürlichen Gravitationsgesetz geschieht diese Hingabe bei ihr) störend einwirkte. Sie ist gewandt und biegsam wie ein Turner oder eine Pantherkatze, nur sind die zahlreichen Gedanken, die in ihren Bewegungen körperlichen Ausdruck

finden, alle von jener hohen Art, welche die Menschen von den Tieren –
und ich fürchte, auch von den meisten Turnern – unterscheidet.

«The Saturday Review», 1895

Hugo von Hofmannsthal
Es ist eine solche Zauberkraft in dieser Frau, daß sie den Kahn, in dem sie
fährt, zum Sinken zwingt und den Fuß auf die nackten Wellen setzt und
auf uns zuschreitet. Es lebt in dieser Schauspielerin eine solche Seele, daß
vor der Erhabenheit ihrer Gebärden jedes Stück, in dem sie spielt, aus
seinen Fugen geht, nur mehr sie da ist, ihre Natur, die unfähig ist, sich zu
verbergen, ihre großen Regungen, die in einer unerhörten Weise leibliche
Form geworden sind. Ihr Gehen und Stehen, die Hoheit ihres Lachens,
die Magie ihrer Hände, die wundervolle tragische Maske, gewoben aus
Strahlen und Dunklem, die ihre Seele verhüllt und verrät.

«Die Duse im Jahre 1903». 1903 (In: Segantini / Mendelssohn)

Sarah Bernhardt
Eleonora Duse ist mehr Schauspielerin als Künstlerin; sie geht Wege, die
von anderen vorgezeichnet sind; gewiß, sie ahmt sie nicht nach, denn wo
Bäume standen, pflanzt sie Blumen, und wo Blumen standen, Bäume;
aber in ihrer Kunst hat sie keine Bühnengestalt geschaffen, die mit ihrem
Namen verbunden bleibt; sie hat kein Wesen, keine Vision gestaltet, die
eine Erinnerung an sie wachruft. Sie trägt die Handschuhe der anderen,
aber die trägt sie verkehrt herum, und das alles mit unendlicher Anmut, in
willenloser vollendeter Hingabe. Sie ist eine große, sehr große Schauspielerin, aber sie ist keine große Künstlerin.

«Mein doppeltes Leben». 1905

Lion Feuchtwanger
Alte, edelste Kultur atmet die Kunst der Duse. Sichersten, erlesensten
Geschmack, vornehmste Diskretion und über dem allem die Patina einer
leisen, fernen Ironie. Jeder Gestus ist harmonisch geführt, jedes Wort
getönt. Hell, fern und hoch, unberührt und unberührbar steht, wandelt,
spricht sie auf der Bühne. Man hat immer das Gefühl, als hielte sie das
Beste zurück, was sie zu geben hat, als sage sie lächelnd: Seht, ich kann
euch ganz ferne, fremde, sehr seltsame und kostbare Schätze geben. Ich
zeige euch, daß ich sie habe: aber ich gebe sie euch nicht.

«Der Spiegel». 1908

Herman Bang
Und Willen hat Eleonora Duse wie keine.
 Er ist nicht nur die Seele ihrer Kunst. Er ist auch – und das macht sie so
einzig – das Mittel ihrer Kunst, das einzige, das ihr all die Mittel ersetzt,
die sie verschmäht. Wie bei keiner andern ist die Darstellung der Duse ein

ZEICHEN DER ZEIT

1858

Eleonora Duse wird geboren,
wie ihre später berühmten Landsleute...

...Giacomo Puccini und Ruggiero Leoncavallo auch. Ein «echter» Kollege, Bühnenschauspieler wie sie, wird Joseph Kainz, der in diesem Jahr ebenfalls zur Welt kommt.

Ludwig Richters idyllische Holzschnitte «Fürs Haus» werden veröffentlicht, aber noch populärer werden die Streiche von «Max und Moritz», die Wilhelm Busch im selben Jahr herausgibt. Heinrich Zille, der Zeichner des Großstadtmilieus, wird gerade geboren.

Die Welt rückt wieder ein Stück zusammen: China muß seine Häfen dem europäischen Handel öffnen und die Luxus-Eisenbahnwagen von Pullman machen Furore. Den Pfandbrief gibt es seit 89 Jahren.

Pfandbrief und Kommunalobligation

Meistgekaufte deutsche Wertpapiere - hoher Zinsertrag - bei allen Banken und Sparkassen

Verbriefte Sicherheit

ununterbrochener Willensakt, wo der Wille und er allein sich einen Körper unterwirft und umgestaltet. Und dieser Wille ist so absolut herrschend und sein Stoff, der Körper und alles, was des Körpers ist, so geschmeidig, daß all die kleinen Künste, die all die andern Aktricen anwenden, um mit ihrer Hilfe ihren ganzen Körper umzugestalten, für Eleonora Duse nur Hindernisse wären, etwas Fremdes, das sie belästigen und ihr die unumschränkte Herrschaft über sie selbst unmöglich machen würde. Darum schminkt sie sich nicht, darum schnürt sie sich nicht, darum nimmt sie keine Perücke. Sie trägt die Tracht der Rolle, aber sie bewahrt ihren eigenen Körper...

«Menschen und Masken». 1910

Alfred Kerr
Dickhäuter ahnten nie, daß diese Frau... nicht eine Künstlerin ist: sondern menschgewordene Kunst (möcht' man sprechen).

Leise; nach innen gerichtet alles; Aristokratismus der Seele, wie der ferne Widerschein einer psychischen Musik; nur Andeutungen; das Letzte; Redewendungen, Ausdruckswendungen im Gesicht, wie sie vielleicht Marsbewohner haben: ein inneres Naturspiel, höchste Menschlichkeit auf diesem Stern Erde...

Was ist die Summe dieser Frau? Schönheit, Schönheit, Schönheit, gemischt mit tragischem Altruismus.

«Die Welt im Drama». 1917

Felix Salten
Bezeichnend, daß man ihr persönlich jedesmal, was immer sie auch spielen mag, unendlich mehr zutraut als den Inhalt ihrer Rolle, mehr Seele, mehr Geist, mehr Wissen und mehr Gefühl. Immer ist ihre eigene Persönlichkeit stärker, machtvoller und tiefer als die Gestalt, der sie sich leiht. So steht sie auf der Bühne als die einzige Schauspielerin, die unsere Zeit kennt, neben dem Theater, steht hoch über allem, was das Theater zu geben vermag, und bringt das Theater gerade deshalb zur letzten, festlichen Erfüllung. Denn sie bereichert es um etwas, das sonst auf den Brettern weder gesucht noch gefunden wird: um einen wahrhaft großen und wahrhaft einfachen Menschen.

«Neue Freie Presse», 1923

Hermann Bahr
Indem es ihr gelang, die ganze Hölle ihrer Leidenschaften in einen wilden Moment zu pressen und diesen, so wie sie ihn empfand, noch glühend, noch rauschend, mit allem Lava herauszuschleudern, konnte sie einen Furor des Ausdrucks und eine Macht über unsere Sinne, unsere Nerven erreichen, die das Theater vor ihr niemals gekannt hat.

«Selbstbildnis». 1923

Luigi Pirandello
Vom ersten Beginn ihrer langen Laufbahn an wurde Eleonora Duse von dem Ehrgeiz geleitet, ihr eigenes Selbst hinter der Persönlichkeit, die sie auf der Bühne verkörperte, verschwinden zu lassen.

Nur bei sehr oberflächlicher Beurteilung konnte das in einer Rolle für einen Verzicht auf Persönlichkeit gehalten werden. Seit der Duse bedeutet dieses die erste Pflicht eines Schauspielers: Überlegener Verzicht auf sich selbst, der nicht nur Erschaffung eines einzigen neuen Lebens mit sich bringt, sondern so vieler Leben als der Schauspieler Gelegenheit hat darzustellen. Ich glaube, daß diese Einstellung nicht, wie viele Leute annehmen möchten, eine rein mechanische Hingabe an die Rolle bedeutet, die den Darsteller lediglich zum Instrument der Wiedergabe aller Intentionen des Autors werden läßt, sondern eine schöpferische, geistige Tätigkeit seltenster Art ist.

«Eleonora Duse, die vollendetste Schauspielerin». 1926 (In: Segantini/
Mendelssohn)

Eduard Schneider
Ihre Stimme gebot weder über einen kräftigen Atem noch über besondere Stärke und Ausdauer des Tons; aber allzeit jung und geschmeidig, wußte sie die stille Sprache der Gedanken in ihre feinsten Schwingungen auseinanderzulegen: atemlos, abgerissen, zersprungen gab sie die wilden Triebe; mezza voce, wie aus weiter Ferne hauchte sie Leiden, Hingabe, Erinnerung. In dieser Stimme tönten heilige Bekenntnisse, eine Botschaft aus den unerforschlichen Regionen zwischen Geist und Fleisch.

«Eleonora Duse». 1927

Paul Schlenther
Und auch darum wirkt das Auftreten der Frau Duse befreiend, daß sie uns vom Fluche der Schönseligkeit erlösen hilft. Denn gerade das, was man an dieser Frau unschön gefunden hat, steigert und vervielfältigt ihre schauspielerischen Ausdrucksmittel... Wenn Frau Duse nicht schön ist, so kann sie schön werden. Denn jeder Empfindung, die in ihr vorgeht, entspricht der Ausdruck ihres Gesichts. Neid, sagt man, entstelle, und Wohlwollen, sagt man, verklärt. Frau Duse wird im Neide garstig und im Wohlwollen reizend.

«Theater im 19. Jahrhundert». 1930

Bibliographie

1. Quellen

a) Von Eleonora Duse

Carteggio D'Annunzio – Duse. Superstiti missive: lettere, cartoline, telegrammi, dediche (1898–1923). Hg. v. PIERO NARDI. Mit einem Vorwort v. Vittore Branca. Florenz 1975

DUSE, ELEONORA: Briefe. Hg. v. OLGA RESNEVIC-SIGNORELLI. Gütersloh 1952

DUSE, ELEONORA, und ARRIGO BOITO: Lettere d'Amore. Hg. v. RAUL RADICE. Mailand 1979

SETTI, DORA (Hg.): Eleonora Duse ad Antonietta Pisa. Carteggio inedito. Mailand 1972

SIGNORELLI, OLGA: Lettere di Eleonora Duse a Cesare Rossi (1885–1894). In: Quaderni del Piccolo Teatro. Hg. v. GERARDO GUERRIERI. Nr. 3. Mailand 1962. S. 9–27

b) Sonstige Quellen

D'ANNUNZIO, GABRIELE: Feuer. München o. J.

BENN, GOTTFRIED: Gedichte. Wiesbaden 3. Aufl. 1966 = Gesammelte Werke in vier Bänden. Hg. v. DIETER WELLERSHOFF. Bd. 3

BERNHARDT, SARAH: Mein doppeltes Leben. München 1983

DUNCAN, ISADORA: Mein Leben, meine Zeit. o. O. 1981

HOFMANNSTHAL, HUGO VON: Gesammelte Werke in Einzelausgaben. Prosa I. Frankfurt a. M. 1950

JANDOLO, AUGUSTO: Bekenntnisse eines Kunsthändlers. Wien 1954

NOSTITZ, HELENE VON: Aus dem alten Europa. Menschen und Städte. Leipzig 1924

RILKE, RAINER MARIA: Die Aufzeichnungen des Malte Laurids Brigge. Frankfurt a. M. 1973

RILKE, RAINER MARIA: Gesammelte Briefe in sechs Bänden. Bd. 2. Leipzig 1906

RILKE, RAINER MARIA: Sämtliche Werke. Bd. 1. Gedichte. Erster Teil. Frankfurt a. M. 1955

THURN UND TAXIS-HOHENLOHE, FÜRSTIN MARIE VON: Erinnerungen an Rainer Maria Rilke. Frankfurt a. M. 1966

2. Kataloge

Eleonora Duse tra storia e leggenda. Hg. anläßlich der von der Ente Festival di Asolo Eleonora Duse gewidmeten Ausstellung. Bearb. v. GERARDO GUER-RIERI. Rom, Palazzo Venezia, 6.6.–6.7.1985. Asolo 1985

Mostra Eleonora Duse. In Zusammenarbeit mit der Stiftung «Giorgio Cini», Venedig, hg. v. GERARDO GUERRIERI u. PIERO NARDI. Bearb. v. GERARDO GUER-RIERI. Sale apollinee des Teatro La Fenice, 23.9.–13.10.1969. Venedig 1969 (= La Biennale di Venezia. XXVIII[0] Festival Internazionale del Teatro di Prosa. 1969)

3. Literatur über Eleonora Duse

ANDREAS-SALOMÉ, LOU: Die Duse. In: Freie Bühne für den Entwicklungskampf der Zeit, 4. Jg. 1. u. 2. Quartal. Berlin 1893. S. 76–81

ANTONA-TRAVERSI, CAMILLO: Eleonora Duse. Sua vita, sua gloria, suo martirio. Pisa 1926

BÄUMER, GERTRUD: Eleonora Duse. Tübingen 1958

BENASSI, MEMO: L'ultimo viaggio di Eleonora. Hg. v. G. A. CIBOTTO. Mit einer Erinnerung von Salvatore Quasimodo. [Vicenza/Venedig] 1967

BOGLIONE, GIUSEPPE: L'arte della Duse. Rom 1960

BOLLA, NINO: Eleonora Duse. Romanzo della sua vita. Rom 1945

BRACCO, ROBERTO: Eleonora Duse. In: Bühne und Welt. Zeitschrift für Theaterwesen, Literatur und Musik, 3. Jg. 1. Halbj. Oktober 1900–März 1901. Berlin 1901. S. 1–6

CAUDANA, MINO: Eleonora segreta. Vita patetica della Duse. Rom 1944

CRAIG, GORDON: On Signora Eleonora Duse. In: Life and Letters, Bd. 1. Nr. 4. Sept. 1928. S. 290–304

FERRUGIA, GEMMA: La nostre vera Duse. Mailand 1924

FEUCHTWANGER, LION: Die Duse. Anläßlich ihres Gastspiels im Münchener Schauspielhaus. In: Der Spiegel, 1. Jg. H. 13. 1908. S. 449–451

FONTANA, OSKAR MAURUS: Die Duse. In: Theater-Kalender auf das Jahr 1913. Berlin 1913

FUSERO, CLEMENTE: Eleonora Duse. Mailand 1971

GREGORI, FERDINAND: Eleonora Duse. Ein Gedenkblatt. In: «die Scene». Blätter für Bühnenkunst. Hg. v. der Vereinigung künstlerischer Bühnenvorstände 14. Jg. H. 5. Mai 1924. Berlin 1924. S. 68f

HÄDELMAYR, ROMAN: Grande amatrice. Eleonora Duse und Gabriele D'Annunzio. Graz 1948

HARDING, BERTITA: Age Cannot Wither. The Story of Duse and D'Annunzio. London–Sydney–Toronto–Bombay 1949

KLINGER, KURT: Eleonora Duse und Österreich. In: Maske und Kothurn. Vierteljahrsschrift für Theaterwissenschaft, 5. Jg. Graz/Köln 1959. S. 135–142, 274–279, 334–349

KNEPLER, HENRY: The Gilded Stage. The Lives and Careers of four Great Actresses. Rachel Félix, Adelaide Ristori, Sarah Bernhardt and Eleonora Duse. London 1968

Lari, Carlo: Eleonora Duse. Mailand 1922

Le Gallienne, Eva: The Mystic in the Theatre: Eleonora Duse. New York 1966

Mangini, Nicola: Eleonora Duse nella storia del teatro europeo. Sonderdruck aus: Archivio Veneto, Serie 5. Bd. 121 (1983)

Molinari, Cesare: L'attrice divina. Eleonora Duse nel teatro italiano fra i due secoli. Rom 1985

Nielsen, Frederic W.: Eleonora Duse (1859–1924). Ein Leben für die Kunst. Freiburg i. B. 1984

Pontiero, Giovanni (Hg.): Duse on Tour. Guido Noccioli's Diaries. 1906–07. Amherst 1982

Rasi, Luigi: Die Duse. Berlin 1904

Reinhardt, E. A.: Das Leben der Eleonora Duse. Berlin 1934

Resnevic-Signorelli, Olga: Eleonora Duse. Leben und Leiden der großen Schauspielerin. Berlin o. J.

Robran, Paul: Eleonora Duse. Sonderdruck aus: Illustrierte deutsche Monatshefte. Braunschweig 1894

Schneider, Eduard: Eleonora Duse. Erinnerungen, Betrachtungen und Briefe. Leipzig 1927

Schwirten, Ethel: Weg über Dornen. Schicksal der Eleonora Duse. Erzählung. Berlin 1946

Segantini, Bianca, und Francesco von Mendelssohn (Hg.): Eleonora Duse. Bildnisse und Worte. Berlin 1926

Setti, Dora: La Duse com'era. Mailand 1978

Signorelli, Olga: Vita di Eleonora Duse. Bologna 1962

Symons, Arthur: Eleonora Duse. New York–London 1969

Weaver, William: Duse. A Biography. San Diego–New York–London 1984

Winwar, Frances: Wingless Victory. New York 1956

4. Allgemeine Literatur

D'Amico, Silvio: Il teatro italiano. Mailand 2. Aufl. 1937

Amoroso, Filiberto: Caro Gabriele. Le donne nella vita tumultuosa e temeraria di Gabriele D'Annunzio. Bologna 1986

Bab, Julius: Kränze dem Mimen. Dreißig Porträts großer Menschendarsteller im Grundriß einer Geschichte moderner Schauspielkunst. Emsdetten 1954

Bab, Julius: Das Theater der Gegenwart. Geschichte der dramatischen Bühne seit 1870. Leipzig 1928

Bab, Julius: Das Theater im Lichte der Soziologie. Stuttgart 1974 [Unveränderter Nachdruck der Ausgabe von 1931. Mit einem Geleitwort von Alphons Silbermann]

Bahr, Hermann: Glossen. Zum Wiener Theater (1903–1906). Berlin 1907

Bahr, Hermann: Meister und Meisterbriefe um Hermann Bahr. Aus seinen Entwürfen, Tagebüchern und seinem Briefwechsel mit Richard Strauss, Hugo von Hofmannsthal, Max Reinhardt, Joseph Kainz, Eleonora Duse und Anna von Mildenburg. Ausgew. u. eingel. v. Joseph Gregor. Wien 1947

Bahr, Hermann: Selbstbildnis. Berlin 1923

Borgfeldt, Georg: Genies der Bühne. Charakteristiken. Leipzig [1899]

Camilleri, Andrea: I teatri stabili in Italia (1898–1918). Rocca San Casciano 1959

Fechter, Paul: Das europäische Drama. Geist und Kultur im Spiegel des Theaters. II. Vom Naturalismus zum Expressionismus. Mannheim 1957

Holthusen, Hans Egon: Rainer Maria Rilke in Selbstzeugnissen und Bilddokumenten. Reinbek 10. Aufl. 1970

Kanz, Gustav: Körperliche Beredsamkeit. In: Der Kunstwart. Halbmonatsschau über Dichtung, Theater, Musik, bildende und angewandte Künste. Hg. v. Ferdinand Avenarius. 19. Jg. 2. Hälfte. H. 23. Sept. 1906. S. 550–553

Kassner, Rudolf: Der Gottmensch und die Weltseele. Drei nachgelassene Essays. Erlenbach–Zürich–Stuttgart 1960

Kerr, Alfred: Es sei wie es wolle. Es war doch so schön. Berlin 1928

Kerr, Alfred: Die Welt im Drama. Hg. v. Gerhard F. Hering. Köln–Berlin 1954

Kindermann, Heinz: Theatergeschichte Europas. Bd. 10. Naturalismus und Impressionismus. Teil 3. Salzburg 1974

Klipstein, Editha: Gestern und heute. Gesammelte Essays. Schloß Leupheim 1948

Marholm, Laura: Das Buch der Frauen. Zeitpsychologische Porträts. Berlin 5. Aufl. 1899

Martersteig, Max: Das deutsche Theater im neunzehnten Jahrhundert. Eine kulturgeschichtliche Darstellung. Leipzig 1904

Maurina, Zenta: Gestalten und Schicksale. Essays. Memmingen 1973

Menzel, Roderich: Sie haben die Welt verzaubert. Regensburg 1967

Molinari, Cesare: Theater. Die faszinierende Geschichte des Schauspiels. Freiburg i. B.–Basel–Wien 1975

Nathanson, Richard: Schauspieler und Theater im heutigen Italien. Erlebnisse und Beobachtungen aus sechzehn Jahren. Berlin 1893

Personè, Luigi M.: Il teatro italiano della «Belle Epoque». Saggi e studi. Florenz 1972

Rehm, Walther: Begegnungen und Probleme. Studien zur deutschen Literaturgeschichte. Bern 1957

Schlenther, Paul: Theater im 19. Jahrhundert. Ausgewählte theatergeschichtliche Aufsätze. Hg. v. Hans Knudsen. Berlin 1930

Volke, Werner: Hugo von Hofmannsthal in Selbstzeugnissen und Bilddokumenten. Reinbek 5. Aufl. 1974

Winds, Adolf: Der Schauspieler in seiner Entwicklung vom Mysterien- zum Kammerspiel. Berlin 1919

Wocke, Helmut: Rilke und Italien. Mit Benutzung ungedruckter Quellen dargestellt. Gießen 1940

Zabel, Eugen: Die italienische Schauspielkunst in Deutschland. Adelaide Ristori. Tommaso Salvini. Ernesto Rossi. Eleonora Duse. Berlin 1893

Namenregister

Nachbemerkung

Zu danken habe ich für mannigfache Hilfe und Zuspruch Mirka Beneš, Cristina Gondolo, Blanche Kommerell, John Lindon, Marina Di Maio, Arnold Maurer, Danilo Reato.

Über die Autorin

Doris Maurer, geboren 1951 in Duisburg, Studium der Germanistik, Anglistik und Philosophie in Bonn und Tübingen, 1976 Erstes Staatsexamen, 1978 Promotion. 1978 bis 1982 wissenschaftliche Mitarbeiterin bei der Schiller-Nationalausgabe, Lehrauftrag am Germanischen Seminar der Universität Bonn. Seit 1982 freiberuflich tätig als Sachbuchautorin, freie Mitarbeiterin bei Rundfunk und Zeitung. Dozentin in der Erwachsenenbildung.

Veröffentlichungen: August von Kotzebue. Ursachen seines Erfolges. Konstante Elemente der unterhaltenden Dramatik. Bonn 1979; Annette von Droste-Hülshoff. Ein Leben zwischen Auflehnung und Gehorsam. Biographie. Bonn 1982; Friedrich Schiller: Die Räuber. Eine Bild-Dokumentation zur Entstehungs- und Wirkungsgeschichte. Dortmund 1983 (Herausgabe); Wuppertal erzählt. Literarische Streifzüge durch die Stadt an der Wupper. Bonn 1983 (gemeinsam mit Arnold E. Maurer); Charlotte von Stein. Ein Frauenleben der Goethezeit. Biographie. Bonn 1985; Venedig. Mit zahlreichen Abbildungen. Frankfurt [2]1986 (herausgegeben gemeinsam mit A. E. Maurer); Bonn erzählt. Streifzüge durch das literarische Bonn von 1780–1980. Bonn [2]1986 (gemeinsam mit A. E. Maurer); 200 Jahre Lese- und Erholungs-Gesellschaft Bonn. 1787–1987. Bonn 1987 (gemeinsam mit A. E. Maurer); Hoftheater unter Gustav Friedrich Wilhelm Großmann und Karoline Großmann. Bonn 1988 (herausgegeben gemeinsam mit A. E. Maurer unter Mitarbeit von Reinhard Nenzel); Literarischer Führer durch Italien (gemeinsam mit A. E. Maurer). Frankfurt a. M. 1988.

Quellennachweis der Abbildungen

Deutsches Theatermuseum, München 6, 10, 17, 21, 28, 38, 57, 76, 89, 101, 115

Aus: Eleonora Duse tra storia e leggenda. Hg. v. Gerardo Guerrieri. Rom 1985 (Katalog): 13, 24, 25, 34, 70, 71, 82/83, 106, 108

Sammlung G. Baciocchi, Vigevano: 14

Aus: Olga Resnevic-Signorelli: Eleonora Duse. Berlin o. J.: 15, 20, 62, 119, 134

Aus: La Duse com'era. Hg. v. Dora Setti. Mailand 1978: 22, 27, 99, 118

Aus: Mostra Eleonora Duse. Biennale di Venezia. Venedig 1969 (Katalog): 30, 60, 78, 120

Museo Teatrale alla Scala, Mailand: 39, 49, 63, 69, 81, 84, 116

Archiv für Kunst und Geschichte, Berlin: 45

Ullstein-Bilderdienst, Berlin: 50, 51, 72/73, 92, 98, 110, 112, 129

Österreichische Nationalbibliothek, Wien: 53, 95

Sammlung Hedi Wetz, Freiburg: 54

Foto Daniela Reato, Venedig: 59

Sammlung Maria Gazzetti: 68

Bibliothèque Nationale, Paris: 74

Archivio Fotografico del Museo Correr, Venedig: 87, 127

Aus: Simplicissimus (8. Jg. Nr. 28), 1903: 103

Aus: Eduard Schneider, Eleonora Duse. Leipzig 1927: 122, 131

Aus: Oreste Cimoroni, Vita della Duse. Mailand 1920: 124, 136, 137

New York Public Library: 132

Carnegie Library of Pittsburgh: 133 o., 133 u.

rowohlts bildmonographien

**Thema
Geschichte**

C 2053/8 a

C 2053/8

rowohlts bildmonographien

**Thema
Literatur**

**Eine
Auswahl**

**ro
ro
ro**
bildmono   graphien

C 2058/5 d